知识产权专员知识读本

ZHISHI CHANQUAN ZHUANYUAN ZHISHI DUBEN

安徽省知识产权事业发展中心　组织编写

主　编　陈淮民

副主编　吴明华　龚英亮

合肥工业大学出版社

书　名	知识产权专员知识读本
组　编	安徽省知识产权事业发展中心
主　编	陈淮民
责任编辑	王　磊
特约编辑	刘　星
封面设计	徐　霞
出　版	合肥工业大学出版社
地　址	合肥市屯溪路 193 号
电　话	总　编　室：0551－6290 3038 市场营销部：0551－6290 3198
网　址	www. hfutpress. com. cn
开　本	710 毫米×1010 毫米　1/16
印　张	13.5
字　数	200 千字
版　次	2020 年 11 月第 1 版
印　次	2021 年 4 月第 1 次印刷
印　刷	安徽联众印刷有限公司
书　号	ISBN 978－7－5650－5108－1
定　价	45.00 元

图书在版编目(CIP)数据

知识产权专员知识读本/陈淮民主编．—合肥：合肥工业大学出版社，2020.11

ISBN 978-7-5650-5108-1

Ⅰ.①知…　Ⅱ.①陈…　Ⅲ.①知识产权保护—基本知识—中国　Ⅳ.①D923.404

中国版本图书馆 CIP 数据核字(2020)第 234847 号

本书编写组

审稿人员 陶　平　孙　杰　操　诚　胡耀峰
刘　君　孙　伟　俞　纯　周宗武
郑红莺

主　　编 陈淮民

副 主 编 吴明华　龚英亮

参编人员 程卫东　郑志强　艾永冠　卢松杰
丁瑞瑞　冯　栋　陈圆方

前 言

党的十八大以来，习近平总书记高度重视知识产权工作，对知识产权工作作出了一系列重要指示和批示。2020 年 11 月 30 日，在中央政治局第二十五次集体学习会议上，习近平总书记强调，全面建设社会主义现代化国家，必须从国家战略高度和进入新发展阶段要求出发，全面加强知识产权保护工作，促进建设现代化经济体系，激发全社会创新活力，推动构建新发展格局。

近年来，安徽省坚持以习近平新时代中国特色社会主义思想为指导，深入贯彻党的十九大和十九届二中、三中、四中、五中全会精神，全面落实习近平总书记考察安徽重要讲话指示精神和习近平总书记关于知识产权保护工作的重要论述，特别是省市场监管局（知识产权局）组建以来，以落实中办、国办《关于强化知识产权保护的意见》为契机，深入推进知识产权强省战略实施，着力提升安徽知识产权创造、保护、运用、管理和服务水平，有力地支撑创新驱动和高质量发展。

2012 年前后，为加快培养知识产权管理人才，提高企业知识产权管理能力与水平，安徽在全国较早组建了企业专利联络员队伍。2013 年 6 月，《安徽省企业专利联络员管理办法》的出台，进一步规范了企业专利管理人才队伍建设，提升了企业知识产权管理能力和水平。

此后数年中，安徽专利联络员队伍不断发展壮大，全省高校和科研院所的知识产权专员也陆续加入，发展成了近 9000 人的知识产权专员队伍，成为一支奋战在创新发展第一线的生力军。他们是知识产权管理部门与企业沟通联系的桥梁，是传播政策、交流信息的纽带，他们中间不少人经过多年锤炼，成为本单位和知识产权行业的骨干人才。“十三五”以来，我省专利申请量持续快速增长，其中包括企业、高校、科研院所在内的职务发明申请量、授权量在全省的占比始终保持较高水平。事实证明，知识产权专员这支队伍为夯实全省知识产权工作基础，推动全省知识产权工作的快速发展做出了巨大贡献。

全省知识产权专员队伍在整体水平逐步提高且呈现出蓬勃发展态势的同时，客观上也存在一些问题：一是2018年机构改革后，知识产权工作职能重整，体制重构，商标、专利、地理标志等实行集中统一管理，这对知识产权工作提出了新的、更高的要求；二是人员构成呈现多样性，个体的水平参差不齐；三是队伍中增加的新成员对知识产权工作理解不深入、不透彻，缺乏专业理论素养，距离打造一支高质量、高水平的知识产权专员队伍的目标，尚有不小的差距。面对现状，加强知识产权专员的教育培训，提高其知识产权工作能力，显得非常重要。

为进一步贯彻落实创新发展理念，对标知识产权高质量发展，更好地加强安徽省知识产权专员队伍建设，增强战斗力、凝聚力，提升全省知识产权工作水平，2020年8月，安徽省市场监督管理局出台了《安徽省知识产权专员管理办法》。这一举措以建设高水平知识产权专员队伍为目标，通过加大业务培训，完善工作机制，强化队伍管理，不断提升知识产权专员队伍专业化水平，进而推动知识产权工作实现新发展。安徽省强化知识产权专员队伍建设，成为知识产权建设的一个大亮点，得到了国家知识产权局的充分肯定。

为实现建设高水平知识产权专员队伍的目标，提高知识产权专员业务能力，安徽省知识产权事业发展中心积极谋划，组织省内相关专家编写了这本普及读物——《知识产权专员知识读本》。本书以普及知识、提高能力为主旨，以提高知识产权专员的工作水平和服务科技创新的能力为目标，是贯彻落实知识产权强省战略，规范和加强知识产权专员管理的一项重要举措。

我们希望借助编写出版《知识产权专员知识读本》，继续突出亮点、寻求经验，继而为全国知识产权事业做出贡献。让我们共同努力，继续推动我省知识产权高质量发展，开创全省知识产权事业发展的新局面。

本书编写组

2021年3月5日

目　录

【上篇】基础知识部分

【上篇】基础知识部分

第一单元

专　利

第一讲　基本概念

一、专利

（一）专利的含义

专利，从字面上是指专有的权利和利益。“专利”一词来源于拉丁语Litterae patentes，意为公开的信件或公共文献，是中世纪的君主用来颁布某种特权的证明，后来指英国国王亲自签署的独占权利证书。

在现代，专利一般是指由政府机关或者代表若干国家的区域性组织根据申请而颁发的一种文件。这种文件记载了发明创造的内容，并且在一定时期内产生这样一种法律状态，即获得专利的发明创造在一般情况下他人只有经专利权人许可才能予以实施。

★ 平时大家提到的“专利”，一般有哪些解释？

在“某设备中含有几项专利，而在其专利申请之前需要查阅专利，申请之后获得该专利”这句话中，“专利”一词有三种不同的含义：

（1）说设备中含有的几项“专利”，指的是该设备有几项专利技术。

（2）说专利申请之前查阅的“专利”，指的是专利技术文献。

（3）说专利申请后获得该“专利”，指的是该专利技术获得了专利权。

（二）专利的种类

《中华人民共和国专利法》（以下简称《专利法》）规定：“本法所称的发明创造是指发明、实用新型和外观设计。”

1. 发明专利

发明，是指对产品、方法或者其改进所提出的新的技术方案。发明专利包括产品发明和方法发明两种类型。

2. 实用新型专利

实用新型，是指对产品的形状、构造或者其结合所提出的适于实用的新的技术方案。

3. 外观设计专利

外观设计，是指对产品的整体或者局部的形状、图案或者其结合以及色彩与形状、图案的结合所作出的富有美感并适于工业应用的新设计。

二、专利权

专利权是指政府有关部门向发明创造人或其权利受让人授予的在一定期限内生产、销售或以其他方式使用发明的排他权利。专利权是知识产权的一种。

专利权具有如下特征：

1. 专有性

专有性也称独占性，是指专利权人对其发明创造所享有的独占性的制造、使用、销售和进口的权利。

2. 时间性

所谓时间性，是指专利权人对其发明创造所拥有的专有权只在法律规定的时间内有效。

对于专利权的期限，各国专利法都有明确的规定。期限届满后，专利权人对其发明创造就不再享有制造、使用、销售和进口的专有权。这样，原来受法律保护的发明创造就成了社会的公共财富，任何单位或个人都可以无偿使用。

★ 我国现行法律规定专利的保护期限是多长时间？

我国《专利法》第四十二条规定：发明专利权的期限为二十年，实用新型专利权的期限为十年，外观设计专利权的期限为十五年，均自申请日起计算。

【提醒/提示】

——知识产权工作人员要密切关注专利权的有效期！

要按时缴纳年费，以维护专利权的有效性。否则，就会丧失其权利。一旦忘记缴纳年费，需要尽快采取一些补救措施。

知识产权专员要做有心人，已经到期的专利可以考虑加以利用。因为许多失效的专利仍然存在着某些技术价值，还有可能产生经济效益。这些技术已经进入公有领域，成为社会公共财富，可以无偿使用。

3. 地域性

地域性是指一个国家依照其本国专利法授予的专利权，仅在该国法律管辖的范围内有效，对其他国家没有任何约束力，外国对其专利权不承担保护的义务。

就是说，如果一项发明创造只是在我国取得专利权，那么专利权人只在我国享有专有权或独占权；如果此时有人在其他国家和地区生产、使用或销售该发明创造，则不属于侵权行为。

因此，我国的单位或个人如果研制出有国际市场前景的发明创造，就不仅仅要及时申请国内专利，还应该不失时机地在拥有良好市场前景的其他国家和地区申请专利，否则国外的市场就得不到保护。

三、专利发明人或设计人

专利发明人是完成发明创造的人。《中华人民共和国专利法实施细则》（以下简称《专利法实施细则》）规定："专利法所称发明人或者设计人，是指对发明创造的实质性特点作出创造性贡献的人。在完成发明创造过程中，只负责组织工作的人、为物质条件的利用提供方便的人或者从事其他辅助工作的人，不是发明人或者设计人。"

发明人是指在发明专利和实用新型专利中对发明创造的实质性特点做出

贡献的人。

设计人是指在外观设计专利中对外观设计特点做出贡献的人。

申请人是指对某项发明创造依法律规定或合同约定享有专利申请权的自然人、法人或者其他组织。

四、职务发明和非职务发明

1. 职务发明

执行本单位的任务或者主要是利用本单位的物质技术条件所完成的发明创造为职务发明创造。包括：在本职工作中做出的发明创造；履行本单位交付的本职工作之外的任务而得到的发明创造；退休、调离原单位后或者劳动、人事关系终止1年内做出的，与其在原单位本职工作或者原单位分配的任务有关的发明创造。

知识卡片

关于职务发明创造，《专利法》规定如下：执行本单位的任务或者主要是利用本单位的物质技术条件所完成的发明创造为职务发明创造。职务发明创造申请专利的权利属于该单位，申请被批准后，该单位为专利权人。该单位可以依法处置其职务发明创造申请专利的权利和专利权，促进相关发明创造的实施和运用。

利用本单位的物质技术条件所完成的发明创造，单位与发明人或者设计人订有合同，对申请专利的权利和专利权的归属作出约定的，从其约定。

★ 对于职务发明创造，应给发明人或设计人哪些奖励、报酬？

(1) 按照《专利法实施细则》规定：一项发明专利，其奖金最低不少于3000元；一项实用新型专利或者外观设计专利，奖金最低不少于1000元。被授予专利权的单位应当在专利权公告日起3个月以内发给发明人或者设计人奖金。

(2) 在专利权有效期限内，实施发明创造专利后，每年应当从实施该项发明或者实用新型专利的营业利润中提取不低于2%或者从实施该项外观设计专利的营业利润中提取不低于0.2%，作为报酬给予发明人或者设计人，或者参照上述比例给予发明人或者设计人一次性报酬；被授予专利权的单位许可其他单位或者个人实施其专利的，应当从收取的使用费中提取不低于10%，作为报酬给予发明人或者设计人。

2. 非职务发明

我国法律对非职务发明创造没有明确定义，而是通过认定职务发明，间接地将不属于职务发明的发明自然归属非职务发明。所以，明确职务发明的概念非常重要。

非职务发明创造，申请专利的权利属于发明人或者设计人；申请被批准后，该发明人或者设计人为专利权人。

【提醒/提示】

——单位要与发明人或设计人合理分享创新收益。

被授予专利权的单位应当对职务发明创造的发明人或者设计人给予奖励；发明创造专利实施后，根据其推广应用的范围和取得的经济效益，对发明人或者设计人给予合理的报酬。

国家鼓励被授予专利权的单位实行产权激励，采取股权、期权、分红等方式，使发明人或者设计人合理分享创新收益。

第二讲　专利的创造与申请

一、发明创造技法

发明创造技法是发明创造活动中总结出来的且有助于人们运用创新思维规律去实现发明创造的方法。通过激励、启迪、诱发发明创造新设想的技巧和方法，促进人们获取发明创造的成果。

★ 为什么要提高人们的创新意识？

创新意识是指人们根据社会和个体生活发展的需要，引起创造前所未有的事物或观念的动机，并在创造活动过程中表现出来的意向、愿望和设想。加强创新能力培养是建设创新型国家的必然选择。

创新对于社会发展、经济进步、生产改良以及技术提升都会产生很大的正面影响。创新能够提升我们的日常生活质量，也相应能够提高工作质量、效率。因此，提高创新意识和大力宣传创新意识在建设创新型国家中有着重要的作用与地位。

企事业单位及高校要完善创新意识管理体系，鼓励自主创新和维护权利人的合法权益；加强创新人才的培养和创新意识工作的培训，提高创新意识，提升创新工作的能力与水平，营造一个良好的创新环境。

《专利审查指南》中将发明分为开拓性发明、组合发明、转用发明、要素变更发明等。其相对应的发明创造技法简单介绍如下：

（一）开拓性发明法

开拓性发明，是指一种全新的技术方案，在技术历史上从未出现过，为人类科学技术在某个领域开创了新纪元。例如，中国的四大发明——指南针、造纸术、活字印刷术和火药。此外，激光器、白炽灯、雷达和蒸汽机等也是开拓性发明的例子。

（二）组合发明法

组合发明法，是指将技术方案进行组合，设计出新的技术方案的发明创造技法。组合的方式多样，大体分为：

（1）主体附加。是指在原来的技术上补充新内容，如在照相机上加上闪光灯。

（2）异类组合。通过差异创造差异，在相互叠加融合的过程中引发整体的变化，如激光手术刀和电子灭蚊器，都是异类组合创造的成果。

（3）同类组合。是指两个或两个以上相同的事物在时间或者空间上的叠加和组合，如双联插座和双缸发动机。

(4) 重组组合。是指将原组合按照不同的层次分解后，又以新的构思重新组合的发明创造法，如将水平的喷气发动机变换90度对着地面喷气而构成垂直起落的飞机。

(三) 转用发明法

转用发明法，是指将一项技术领域的现有技术转用到其他技术领域的发明法，一般通过原理相似、功能相似和结构相似来达到发明创造的目的。例如，通过原理相似给出的新发明移动轴形式的平滑自动门以及通过功能相似得到的新发明带有隔音功能的电吹风。

(四) 要素变更发明法

要素变更发明法，是指与现有技术相比，其原料、形状、尺寸、比例、位置及作用等发生了变化，且这种要素的变化带来了新的有益效果。要素变更发明法包括要素关系改变的发明、要素替代的发明和要素省略的发明。例如，在两块玻璃间加入某种材料制成防热、防弹的新型玻璃。

总而言之，发明创造技法源于创新思维。一项科技成果在发明创造过程中往往会运用多种技法；同一种方法有时又表现为多种形式，很难严格区分。

二、确定能不能申请专利

专利权是依法授予的实施发明创造的独占权。这种独占权的属性决定了并不是任何发明创造都能授予专利权。

基于维护国家利益、执行大政方针、遵守公序良俗等方面的考虑，《专利法》将两种情况排除在专利保护之外。具体内容如下：

1.《专利法》第五条规定：“对违反法律、社会公德或者妨害公共利益的发明创造，不授予专利权。”

发明创造本身的目的与国家法律相违背的，不能被授予专利权。例如，用于赌博的机器或工具以及吸毒的器具等不能被授予专利权。

社会公德，是指公众普遍认为是正当的并被接受的伦理道德观念和行为准则。发明创造与社会公德相违背，不能被授予专利权。

妨害公共利益，是指发明创造的实施或使用会给公众或社会造成危害，或者会使国家和社会的正常秩序受到影响。妨害公共利益的发明创造，不能被授予专利权。如果发明创造因滥用而可能造成妨害公共利益的，或者发明创造在产生积极效果的同时存在某种缺点的，则不属于因“妨害公共利益”而不能被授予专利权的情况，如有些药品对人体有某种副作用。

2.《专利法》第二十五条规定：“对下列各项，不授予专利权：（一）科学发现；（二）智力活动的规则和方法；（三）疾病的诊断和治疗方法；（四）动物和植物品种；（五）原子核变换方法以及用原子核变换方法获得的物质；（六）对平面印刷品的图案、色彩或者二者的结合作出的主要起标识作用的设计。”

三、确定要不要申请专利

所谓“是否要申请”的问题，就是要认真评估这个发明创造是否值得我们去申请专利。至少要从如下两点加以考虑：

1. 根据是否需要保护技术来确定

对于企业来说，若是不申请专利就对其研发的技术成果进行使用、制造和销售，当其公开之后便会成为现有的公开技术。这样他人通过公开的技术去使用、制造和销售其研发的产品时，企业便无权制止他人使用、制造和销售其产品，便会失去法律的保护。因此，当需要获得法律保护时，应当申请专利，获得专利权。

2. 根据企业自身实力来确定

对于某些企业来说，申请专利还要从经济投入等方面加以考虑。专利申请需要支付相应的申请费，授权后要缴纳年费。因此，是否申请专利也要根据企业的实力进行选择。

关于管理费用的计算等知识，将在本单元第八讲中的“专利费用管理”中详细叙述。

四、专利文献检索

全世界专利众多，且具有优先权的特征，任何人都不能保证自己的想法是世界上独一无二的。一般而言，我们能想到的发明专利，别人很有可能也会想到。所以，任何个人和企业在申请专利前，都应该认真检索，看看自己的想法是否已经被别人实现，查查是否专利已经出现在世界各大专利局的数据库中。

知识卡片

关于专利检索，一般通过检索平台检索现有专利，输入相应的关键词检索。既可以通过国家知识产权局和地方知识产权局的专利检索与分析系统进行检索，也可以通过“SooPat”“润桐”“佰腾”等专利检索网站进行检索，还可以通过知网查询相关的论文等。

对于专利文献的检索切不能存有侥幸心理。据不完全统计，各国因未查阅专利文献而使研究课题失去价值，每年造成数十亿美元的直接经济损失，间接损失就更多了。

据统计，我国在20世纪80年代，大中企业的近万个课题，约有三分之二都是重复研究。因此，专利申请前一定要高度重视专利文献的检索。

★ 专利申请前专利检索的作用和重要意义有哪些?

(1) 可以评价专利申请获得授权的可能性；

(2) 帮助专利申请人更好地起草专利文件；

(3) 申请前的初步专利检索能帮助完善申请方案；

(4) 申请前的初步专利检索能帮助节省时间和金钱。可以委托知识产权代理机构中的专业人士对发明创造的授权前景进行检索分析，检索国内外相近专利和查阅相关的学术刊物等，了解相近技术的现状，分析发明创造的实用性、新颖性和创造性。

当发明创造具备很高的授权前景时再去申请专利，可大概率避免申请专利后期因不能授权而出现人力、物力和财力的浪费。

五、技术交底书

技术交底书是发明人或者申请人将自己希望申请专利的发明创造的内容以书面形式提交给专利代理机构或企业专利管理部门的文件。撰写、审读技术交底书，也是企业知识产权专员的一项技能，需要熟练掌握。

★ 技术交底书的作用是什么?

技术交底书的主要作用是传递发明构思。通过技术交底书将发明创造内容传递给代理人或专利管理人员，使得他们能够理解本发明的构思和涵盖的范围。一份清楚、完整的技术交底书，可以减少代理人与发明人之间的沟通次数，从而提高工作效率，有利于专利申请的顺利审批。

（一）常见类型

1. 机械结构类

机械结构类的技术交底书最为普遍，涉及产品的整体结构、具体结构以及相互之间的连接关系。这种技术交底书一般由企业机械技术人员撰写。技术交底书需要提供完整、清楚的产品结构以及相互之间的连接关系，提供对于产品结构的说明，以便专利代理人员能够更加充分地了解方案。

2. 电子类

电子类的技术交底书涉及电子产品，具体为电子产品的电路原理图等技术方案。这种技术交底书一般由企业专业技术人员进行撰写。在撰写技术交底书时，需要提供完整、清楚的电路原理图及对电路原理图的原理说明和注意说明。

3. 制造工艺类

制造工艺类的技术交底书涉及产品制造的工艺和方法。这种技术交底书一般由企业从事制造工艺的技术人员进行研发。在撰写技术交底书时，需要提供完整、清楚的产品制造过程中的工艺和方法，适当的时候应提供工艺流程图。

4. 软件方法类

软件方法类的技术交底书涉及计算机控制、网络等软件方面的方法。这种技术交底书一般由企业软件开发人员所研发。在撰写技术交底书时，需要提供完整、清楚的流程图。

5. 生物化学类

生物化学类的技术交底书涉及化学物质、组合物、饮品、药品、微生物、农药及生物制品发明等的技术方案。这种技术交底书一般由企业从事生物化学研究的技术人员所研发。在撰写技术交底书时，需要提供完整、清楚的说明或实物样品。

（二）撰写要求

在撰写技术交底书时，应当用词规范、语句清楚。内容应当明确，无含糊不清或者前后矛盾之处，可以使所属技术领域的技术人员容易理解。技术交底书中使用的技术术语与符号应当前后一致。

如果出现对于同一部件的命名前后不一致、语句不通顺、逻辑性不强等问题，会影响专利申请文件撰写的效率。

一般而言，技术交底书就是撰写说明书、权利要求书等重要申请文件的“素材”。《专利法》第二十六条规定，专利申请文件中的说明书应当对发明或者实用新型作出清楚、完整的说明，以所属技术领域的技术人员能够实现为准。所以说，作为“素材”提供的技术交底书，也务必要对发明或者实用新型作出清楚、完整的说明，应当达到所属技术领域的技术人员能够实现的程度；也应当满足充分公开发明或者实用新型的要求。

下面从清楚、完整、能够实现三个方面，来强调技术交底书的撰写要求。

1. 清楚

（1）主题明确。技术交底书应当从现有技术出发，明确地反映出发明或者实用新型想要做什么和如何去做，使所属技术领域的技术人员能够确切地理解该发明或者实用新型要求保护的主题。

（2）表述准确。技术交底书应当使用发明或者实用新型所属技术领域的技术术语。技术交底书的表述应当准确地表达发明或者实用新型的技术内容，不得含糊不清或者模棱两可，以致所属技术领域的技术人员不能清楚、正确地理解该发明或者实用新型。

2. 完整

一份完整的技术交底书应当包含下列各项内容：

（1）所有能帮助理解发明或者实用新型不可缺少的内容。例如，有关所属技术领域、背景技术状况的描述以及附图和附图说明等。

（2）实现发明或者实用新型所需的内容。例如，为解决发明或者实用新型的技术问题而采用的技术方案的具体实施方式等。

总之，凡是所属技术领域的技术人员不能从现有技术中直接、唯一地得出的有关内容，均应当在技术交底书中予以描述。

3. 能够实现

所属技术领域的技术人员能够实现，是指所属技术领域的技术人员按照技术交底书记载的内容，就能够实现该发明或者实用新型的技术方案，解决其技术问题，并且产生预期的技术效果。

（三）技术交底书的内容

1. 发明名称

在撰写技术交底书时，需要根据本领域技术人员的认知，清楚并简要地写明发明或实用新型的名称。该名称要能体现出主题和类型（产品或方法），反映出用途或者应用的领域，以利于专利申请的分类。

采用所属技术领域通用的技术术语，最好采用国际专利分类表中的技术术语，不得采用非技术术语。名称中不得使用人名、地名、商标、型号或者商品名称等，也不得使用商业性宣传用语。不得超过25字。

2. 技术领域

在技术交底书中，应当给出发明创造直接所属的或者直接应用的技术领域，而不是非其所属的或者广义的、相邻的技术领域。

如果对于该领域的划分不太熟悉或者不清楚，那就写出本发明创造用于什么地方、起到什么作用。

3. 背景技术

背景技术是与该发明创造最接近的现有技术。发明人或者申请人需要客观评价现有技术的技术效果。背景技术一般需要提供现有技术的技术方案，现有技术信息可以来源于专利文献、非专利文献、公知常识；提供现有技术的技术效果。

提供现有技术的一般要求是：介绍最接近的产品或者方法；最好引证最接近的现有技术文献，尽量结合附图进行说明，清晰明白地指出现有技术的缺点和不足。

简单而言，写背景技术就是要准确描述相关的现有技术及其存在的缺点。对于专利代理人来说，这将有助于理解技术方案、把握本申请的发明点和确定保护范围。

4. 发明内容

发明内容包括如下三个部分：

（1）技术问题

发明目的要针对解决现有技术中存在的问题和缺点，也就是要结合本发明或实用新型取得的效果提出所要解决的任务。

撰写所要解决的技术问题，一是要针对现有技术中存在的缺陷或不足，并尽量说明缺陷存在的原因；二是要用正面的、简洁的语言，客观地描述本发明要解决的技术问题。

撰写技术问题时常见的问题是：发明的目的不明确；对技术问题的描述采用广告式宣传用语。

（2）技术方案

根据《专利法》和《专利法实施细则》的规定，专利申请的核心是要在说明书中公开技术方案。实现发明必须要有具体的技术方案和手段，要求清楚、完整、准确地加以描述以使本领域的普通技术人员能够实施。

撰写技术方案时常见的问题是：缺乏具体技术手段；纯功能性描述；方案不完整而无法实施等。

(3) 有益效果

有益效果是与现有技术作出比较的结果，也就是能解决技术问题而带来的效果。技术效果的描述不能凭空臆断，要结合技术内容中给出的具体方案，再分析技术方案是如何解决技术问题而达到实际效果的。

通常，有益效果可以由产率、质量、精度、效率等的提高，能耗、原材料、工序的节省，加工、操作、控制、使用的简便，环境污染的防治或根除等，从多方面反映出来。

撰写有益效果时常见的问题是：只给出断言，不做具体分析；缺乏实验数据，或者没有给出实验手段和条件；结论不能从技术方案中合理导出。

5. 附图及附图说明

(1) 附图

技术交底书附图的作用相当重要。常常需要用图示的形式来弥补技术交底书文字描述的不足，使他人（代理人、审查员等）更加直观地、形象化地理解发明或者实用新型的每个技术特征和整体技术方案。

对于发明专利申请，用文字足以清楚、完整地描述其技术方案的，可以没有附图。但是，实用新型专利申请的技术交底书必须有附图。

根据发明创造的具体内容，附图可以采用简图、形状示意图、局部图、立体图等各种形式。给出的零件图、装配图、结构图、流程图、电路图、线路图等，都要简单明了，并反映出发明创造点。技术交底书附图应当使用包括计算机在内的制图工具和黑色墨水绘制，线条应当均匀清晰、足够深，不得着色和涂改，不得使用工程蓝图。

一件专利申请如果有多幅附图时，要求其附图标记应当一致。

(2) 附图说明

技术交底书有附图的，应当写明各幅附图的图名，并且对图示的内容作简要说明。在零部件较多的情况下，允许用列表的方式对附图中的具体零部件名称列表说明。

附图说明要与文字对应，避免图是图、文字是文字，甚至图与文字互相矛盾。要求各附图的标号要统一。

6. 实施方式

技术交底书应当详细描述优选的具体实施方式。在描述技术方案时，可以结合一个或多个具体实现过程进行描述。

实施例应当具体地描述本发明所需的一切必要条件，如参数、材料、设备、工具等，以及必要的规格、型号。在描述时，应该与附图对应一致。

实施例的描述应当详细，至少要达到使本领域普通技术人员按照所描述的内容能够实施或再现其发明或实用新型的程度。如果有多种实施方式可以实现发明的目的，就应该描述多种实施例。

如果技术方案比较简单，具体实施方案可以与发明内容结合在一起写。

企业知识产权专员需要掌握技术交底书撰写的技能，必要时要对技术人员进行指导。为了正确、方便、完整地撰写技术交底书，本书给出了一份技术交底书模板，见表 1 - 1 所列。

本模板有两个特点：一是“填表”式；二是“提醒/问答”式。其使用简便，可供初学者学习和参考。

（1）填写本表时不得缺项。具体的内容如发明创造的名称、所涉及的技术领域、相关的背景技术、发明内容（问题、方案、效果）、附图及附图说明等，一项也不得少。这样技术交底书就会比较完整。

（2）回答问题也是一个验证的过程。要认真对待表格中所有的问题。要把这些全部考虑到并一一写出来。这样技术交底书就会严谨、客观。

表 1－1　技术交底书（技术交底材料）模板

技术交底书项目	主要问题
发明名称	○ 是通用名称吗？ ○ 该名称能反映出本发明的主要特征和功能吗？
	○ 您是为了解决什么问题才有这个发明想法的？ ○ 想要达到什么发明目的？ ○ 对于发明的关键点和保护点，能否表述清楚？
技术领域	○ 本发明所属的技术领域是什么？ ○ 本发明将用于什么地方、能起到什么作用？
背景技术	○ 检索到与本发明最相关的对比文件了吗？ ○ 能列出专利文献的出处吗？ ○ 背景技术的现状是什么？ ○ 能准确描述现有技术存在着哪些问题和不足吗？
发明内容	1. 要解决的技术问题
	○ 相对于现有技术，本发明解决了什么技术问题？
	2. 所采用的技术方案
	○ 技术方案的主题明确吗？ ○ 对技术方案（特别是改进部分）的阐述清楚吗？ ○ 技术方案完整吗？ ○ 写出该技术方案的原理了吗？ ○ 该技术方案能够实现吗？

（续表）

技术交底书项目	主要问题
发明内容	3. 能获得的技术效果
	○ 对所获得的有益效果，其描述清楚、准确吗？ ○ 采用的技术方案与产生的有益效果，它们之间有关系吗？ ○ 本发明具有商业价值吗？
附图	○ 要求线条均匀清晰、简单明了。
附图说明	○ 画出的附图能反映出本发明的技术特征吗？ ○ 附图是否清楚、明了？ ○ 它与技术交底书的描述吻合吗？
	○ 附图说明与前面的文字描述对应吗？
实施方式	○ 是否详细描述了优选的具体实施方式？ ○ 实施中是否具体描述了本发明所需的一切必要条件？ ○ 在实际的描述中是否与附图对应一致？ ○ 是否还列出了不同的、可变通的、可替代的实施例？

六、专利申请文件

发明和实用新型的专利申请文件包括请求书、权利要求书、说明书、说明书附图和说明书摘要。外观设计的专利申请文件包括请求书、图片或照片和简要说明。

发明和实用新型专利申请的权利要求书确定专利的保护范围，外观设计的图片或者照片用于确定专利的保护范围；发明和实用新型专利申请的说明书或外观设计的简要说明在专利的授权、确权中具有解释作用。

（一）发明和实用新型的专利申请文件

1. 说明书

说明书应当对发明或者实用新型作出清楚、完整的说明，以本领域普通技术人员能够实现为准。

★ 撰写说明书的总体要求有哪些?

（1）清楚：说明书应当写明发明或者实用新型所要解决的技术问题以及解决技术问题采用的技术方案。使用所述技术领域的技术术语，准确地表明发明创造的技术内容。

（2）完整：说明书应当对发明创造给出完整的方案说明，不得缺少帮助理解该发明创造以及确定该发明的三性所需的内容。

（3）能够实现：所述技术领域的普通技术人员按照说明书记载的内容，不需要花费创造性的劳动，就能实行发明或者实用新型的技术方案，解决技术问题，产生预期的有益效果。

说明书的内容包括名称、技术领域、技术背景、发明内容、附图说明和具体实施方式。

（1）名称：发明或者实用新型的名称一般不超过25个字；一般采用所述技术领域的通用的技术术语，不得使用人名、地名、商标、型号或者商标名称，也不得使用商业性宣传用语。

(2) 技术领域：是要求保护的发明或者实用新型的技术方案所属或直接应用的具体技术领域，而不是上位或者相邻的技术领域。

(3) 技术背景：是对发明或者实用新型的理解、检索和审查有用的背景技术，引证最接近的现有技术文件，背景技术中还要指出背景技术存在的问题和缺点。

(4) 发明内容：发明内容包括技术问题、技术方案和技术效果。

技术问题：针对现有技术中存在的不足和缺陷，用正面和简洁的语言客观而有据地反映发明或者实用新型要解决的技术问题。

技术方案：必须给出包括全部必要技术特征的权利要求的技术方案，也可以给出含其他附加技术特征的进一步改进的技术方案。

有益效果：可以是技术方案的技术特征直接带来的，也可以是技术特征必然产生的技术效果。

(5) 附图说明：说明书有附图的，应对各个附图作简要说明。

(6) 具体实施方式：是判断发明或者实用新型是否公开充分，是否支持权利要求的依据，实现发明或者实用新型的具体实施方式是发明的重要组成部分。

2. 权利要求书

权利要求通常分为产品权利要求和方法权利要求。对于产品权利要求需要限定保护的主题和范围。例如，对于机械产品，通常采用限定产品的形状、结构的特征的方式描述；对于化学组合物，通常采取限定组分、含量的方式描述。

按照保护范围之间的关系，权利要求还可以分为独立权利要求和从属权利要求。独立权利要求包括前序部分和特征部分，前序部分写明发明或者实用新型的主题名称和与其主题名称最接近的现有技术共有的必要技术特征；特征部分，使用“其特征在于”用语，写明发明或者实用新型区别于现有技术的技术特征。

从属权利要求包括引用部分和限定部分，引用部分写明引用的权利要求的编号和主题名称，限定部分写明发明或者实用新型的附加技术特征。

★ 撰写权利要求书有哪些要求?

(1) 权利要求需要清楚地限定专利保护的范围，

(2) 权利要求以说明书为依据，权利要求书中的每一项权利要求所要保护的技术方案，是所述领域的普通技术人员能够从说明书中得到或者概括出的技术方案。

(3) 需要记载必要技术特征，独立权利要求应当从整体上反映发明或者实用新型的技术方案，记载解决问题的必要技术特征。

3. 说明书附图

说明书附图是说明书的一个组成部分，因其作用独特而将其单独列出。说明书附图是用图形来补充说明书文字部分的叙述，可以直观、形象地描述发明或实用新型的每个技术特征或整体技术方案。

(二) 外观设计专利申请文件

1. 图片或照片

外观设计的专利权的保护范围以表示图片或者照片中该产品的外观设计为准，申请人提交的有关图片或者照片应当清楚地显示要求专利保护的产品的外观设计。

为了完整地显示要求专利保护的产品的外观设计，立体产品一般要提交六面正投影视图，平面产品一般需要提供正反两面视图。

2. 简要说明

简要说明是对图片或者照片的进一步解释和说明，主要内容包括名称、用途、设计要点。

七、国际申请程序

申请人通过《巴黎公约》或者《专利合作条约》向不同国家申请专利。

(一)《巴黎公约》及申请程序

知识卡片

《巴黎公约》全称为《保护工业产权巴黎公约》，于1883年3月20日在巴黎签订，1884年7月7日生效。《巴黎公约》保护的范围是工业产权。

《巴黎公约》以各成员国的国内立法为基础进行保护，在尊重各成员国的国内立法的同时，规定了各成员国必须共同遵守的基本原则。

1. 基本原则

《巴黎公约》规定了各成员国必须共同遵守的几个基本原则，以协调各成员国的立法。包括：

（1）国民待遇原则

在工业产权保护方面，各成员国必须在法律上给予其他成员国相同于该国国民的待遇；即使是非成员国国民，只要他在某一成员国内有住所，或有真实有效的工商营业场所，亦应给予其相同于该国国民的待遇。

（2）优先权原则

发明、实用新型和工业品外观设计的专利申请人从首次向成员国之一提出申请之日起，可以在一定期限内以同一发明向其他成员国提出申请，而以第一次申请的日期为以后提出申请的日期。

（3）独立性原则

同一发明在不同国家所获得的专利权彼此无关，即各成员国独立地按该国的法律规定给予或拒绝或撤销或终止某项发明专利权，不受其他成员国对该专利权处理的影响。

（4）强制许可专利原则

各成员国可以采取立法措施，规定在一定条件下可以核准强制许可，以防止专利权人可能对专利权的滥用。某一项专利自申请日起的四年期内，或者自批准专利权之日起三年期内（两者以期限较长者为准），专利权人未予实施或未充分实施，有关成员国有权采取立法措施，核准强制许可证，允许第三者实施此项专利。

2. 申请程序

（1）向国家知识产权局就一项发明创造提交专利申请，该申请的中国申请日即为优先权日。

（2）在优先权期限内，将该项发明创造向申请人期望获得保护的其他国家各提交一份单独的专利申请，然后由这些国家按照本国法律对该项发明创造进行审查，进而授予专利权或驳回申请。如超出了期限，则专利就丧失了新颖性，也就不能再向国外提出专利申请。

（二）《专利合作条约》及国际申请程序

《专利合作条约》（Patent Cooperation Treaty，简称 PCT）于 1970 年 6 月 19 日由 35 个国家在华盛顿签订。1978 年 6 月 1 日开始实施，由总部设在日内瓦的世界知识产权组织管辖。

★ 利用 PCT 途径有哪些好处?

（1）简化和规范向外国申请专利的手续。申请人只要是 PCT 缔约国的国民或居民就可以通过向本国专利局提交一份申请，达到向所有 PCT 缔约国申请的目的。

（2）有利于调整申请策略，节省相应开支。PCT 的检索和初审分开，国际阶段和国家阶段分开，这使申请人有足够的时间和机会进行调整。

（3）可以比较快地获得申请日和有比较长的时间筹集申请经费。申请外国专利，费用都比较昂贵，同时向几个国家申请将是一笔很高的费用。利用 PCT 可以将主要费用支付的时间最长延长到自优先权日起 30 个月，同时又不影响及早获得申请日。

（4）帮助申请人不断完善申请文件。申请人在进入国际阶段前，有机会在审查员指导下改正或修改申请文件，使得进入国家阶段的申请文件趋于完善。

1. PCT 国际阶段的程序

（1）国际申请

PCT 成员国的国民或居民直接提出国际申请。中国企业或个人提出国际申请的，可以首先向中国国家知识产权局提出国家专利申请，然后在 12 个月的优先权期限内再提出国际申请；还可以直接向中国国家知识产权局提出国际申请。中国企业或个人提出国际申请时可以委托依法设立的专利代理机构办理，也可以自行处理。

中国国家知识产权局以实际收到符合受理条件的国际专利申请文件之日为国际申请日。通过传真提交的，只要传真件符合受理条件，并在规定时间内将原件送达的，以传真日为国际申请日。提交的国际专利申请文件不符合受理条件的，允许申请人在提交日起的 2 个月内补正，并以补正符合受理条件之日为国际申请日。

（2）国际检索

国际检索的作用是发现相关的现有技术，并在原始申请文件基础上提供关于新颖性、创造性以及实用性的初步、无约束力的意见。国际检索的结果是国际检索单位作出的国际检索报告。需要注意的是，国际检索报告仅仅起到参考作用，不具有任何法律约束力，申请人可以根据该国际检索报告评估出专利的可能性，决定是否进一步完善申请文件或者决定该国际申请是否进入国家阶段。

（3）国际公布

自优先权日起 18 个月届满后由国际局迅速进行国际公布。国际局通常在公布日完成公布的技术准备工作；在国际公布的技术准备完成之前，国际局的改正、更正、修改、变更等信息可以及时地包含在国际公布的内容中。关于国际公布的语言有 10 种，包括中文、英文、法文、德文、日文、俄文、西班牙文、韩文、葡萄牙文、阿拉伯文；国际申请中是以英文之外的语言进行国际公布的，某些内容还要以该种语言和英文两种语言进行公布。例如，发明名称、摘要、摘要附图中的文字以及国际检索报告。

（4）国际初步审查

经申请人要求，当满足下列条件时，国际初步审查单位将启动国际初步审查程序：收到国际初步审查要求书；收到应当缴纳的全部费用；收到国际检索报告。

2. 国际申请进入国家阶段的程序

（1）审查流程

指定中国的国际申请进入国家阶段时，申请人可以要求获得发明专利或者实用新型专利，只能择其一。要求获得发明专利的国际申请，申请人办理国际申请进入国家阶段的手续，国家知识产权局对进入国家阶段的手续进行审查。不符合规定的，该国际申请不能进入国家阶段；符合规定的，国家知识产权局将给予国家申请号，明确进入日，此后该申请进入初步审查程序。

申请人应当根据《专利法实施细则》第一百零三条和第一百零四条的规定办理进入国家阶段的手续，即在规定的期限内提交规定的文件和缴纳规定的费用。

国际申请以中文提出的，申请人办理国际申请进入国家阶段手续时应当提交的文件包括：以中文提交进入声明、国际公布文件中的摘要和摘要附图副本，以及必要时提交变更后的申请人享有申请权的证明材料。

（2）国家公布

对于进入国家阶段的要求获得发明专利的国际申请，经初步审查合格后要以中文进行国家公布。具体来说，进入国家阶段的国际申请经初步审查合格之后，国家知识产权局应当及时进行国家公布的准备工作，完成国家公布准备工作的时间一般不早于自该国际申请进入国家阶段之日起 2 个月。国际公布是使用外文的国际申请，国家公布以在《发明专利公报》中的登载和出版发明专利申请单行本两种形式完成；国际公布是使用中文的国际申请，国家公布以在《发明专利公报》中的登载形式完成。

第三讲　专利的审批和授权

一、授予专利权的实质性条件

（一）发明和实用新型的授权条件

授予专利权的发明和实用新型，应当具备新颖性、创造性和实用性。换言之，申请发明和实用新型要满足实质性的条件——必须要具备专利“三性”的要求——才有可能获得批准。

1. 新颖性

新颖性是指发明或者实用新型保护的技术方案不属于现有技术，也没有任何单位或者个人就相同的技术方案在申请日以前向国家知识产权局提出申请，并记载在申请日以后公布的专利申请文件或者公告的专利申请中。

申请人自发明或者实用新型第一次提出专利申请日起 12 个月内，又向国家知识产权局就相同主题提出专利申请，可以享受优先权。

知识卡片

宽限期是一种补救措施，是新颖性要求的一个例外。

《专利法》第二十四条规定：“申请专利的发明创造在申请日以前六个月内，有下列情形之一的，不丧失新颖性：（一）在国家出现紧急状态或者非常情况时，为公共利益目的首次公开的；（二）在中国政府主办或者承认的国际展览会上首次展出的；（三）在规定的学术会议或者技术会议上首次发表的；（四）他人未经申请人同意而泄露其内容的。”

2. 创造性

发明的创造性，是指与现有技术相比，该发明创造具有实质性的特点与显著的进步。

创造性的判断方法：确定最接近的现有技术；确定技术方案的区别技术特征和发明实际解决的技术问题；判断要求保护的发明对本领域的技术人员来说是否显而易见。

3. 实用性

实用性，是指发明或者实用新型的技术方案中涉及的产品或方法必须能够制造或者使用、能够产生积极有益的效果、能够解决相应的技术问题等。例如，永动机因违背自然规律而不具备实用性。

（二）外观设计专利申请授权的条件

《专利法》规定了外观设计专利申请的实质性授权条件，包括：不属于现有设计；不存在抵触申请；与现有设计或者现有设计特征的组合相比，具有明显区别；不得与他人在申请日以前已经取得的合法权利相冲突。

1. 新颖性

《专利法》规定："授予专利权的外观设计，应当不属于现有设计；也没有任何单位或者个人就同样的外观设计在申请日以前向国务院专利行政部门提出过申请，并记载在申请日以后公告的专利文件中。"所谓的"现有设计"，是指申请日以前在国内外为公众所知的设计。

2. 独创性

《专利法》指出："授予专利权的外观设计与现有设计或者现有设计特征的组合相比，应当具有明显区别。"

3. 不得与他人在先取得的合法权利相冲突

"在先取得"是指在外观设计的申请日或者优先权日之前取得。《专利法》指出："授予专利权的外观设计不得与他人在申请日以前已经取得的合法权利相冲突。"这里的"合法权利"包括了商标权、著作权、企业名称权和肖像权。

二、专利的审查程序

实用新型和外观设计专利申请不进行实质审查，程序包括受理申请、初步审查和授权公告。

发明专利申请后，经过初步审核合格自申请日起 18 个月内公布其申请文件；申请人在规定期限内提出实质审查请求，进行实质审查，经审查没有驳回理由的，予以授权并公告。

1. 申请受理

国家知识产权局收到符合规定的专利申请文件，应当发出受理通知书，明确申请日，给予申请号。

申请文件的请求书应当明确申请专利的类别；写明申请人姓名或者名称及其地址。发明专利申请文件中必须包括说明书和权利要求书；实用新型专利申请文件中必须有说明书、说明书附图和权利要求书；外观设计专利申请文件中必须有图片或者照片。

2. **初步审查**

对于实用新型来说，初步审查主要包括对提交的申请文件格式、内容和要求的审查，判断其是否违法或者符合实用新型的要求，审查其权利要求书是否符合实用新型的保护要求，能否反映出实用新型的结构特征。

对于外观设计来说，初步审查主要包括：对于图片、照片的位置关系以及线条是否对应清楚进行审查；对于简要说明是否清楚完整进行审查；对于外观设计的保护范围是否清楚进行审查。

对于发明来说，需要经过初步审查和实质审查双重审查程序。在发明申请的初步审查中，该发明合格的予以通过，使该发明申请进行实质审查。在发明申请的初步审查中该发明不合格的则下发审查通知书，要求申请人在指定期限内修改。修改后仍不合格，或者无正当理由延期不予修改的予以驳回；修改后合格的，进入实质审查程序。

3. **公布申请**

发明专利申请初步审查合格后，自申请日起 18 个月，国家知识产权局将其进行公布。申请人希望提前公布的，可以提出早日公布其申请，国家知识产权局在该申请经初步审查合格后立即予以公布。

4. **实质审查**

发明专利的实质审查由申请人在规定期限内提出，并需要申请人在审查过程中针对国家知识产权局发出的审查意见进行意见陈述或对其已提交的申请文件进行修改。

发明专利的申请人请求实质审查的时候，应当提交在申请日前与其发明有关的参考资料。

国家知识产权局对发明专利申请进行实质审查后，认为不符合专利法规定的，应当通知申请人，要求其在指定的期限内陈述意见，或者对其申请进行修改；无正当理由逾期不答复的，该申请即被视为撤回。

5. **答复审查意见与修改**

进入实质审查阶段，审查员在作审查决定之前，要向申请人发出审查意见通知书与申请人交换意见。申请人以意见陈述书的形式作答。

【提醒/提示】

——答复审查意见时，一定要按规定办理。

（1）要在规定期限内进行，不能逾期；

（2）要逐条进行答复，表明态度，说明理由；

（3）只能按照审查意见作出被动修改、补正，就是说审查员没有要求修改的地方，申请人不得修改；

（4）同时提交补正文件和意见陈述书。

6. 授权公告

发明专利申请经实质审查、实用新型或外观设计专利申请经初步审查没有发现驳回理由的，国家知识产权局作出授予相应专利权的决定，发出授予专利权的通知书，并在通知书中写明授权所依据的文本。国家知识产权局发出授予专利权通知书的同时，还要发出办理登记手续通知书，说明办理登记手续的期限及应当缴纳的费用。

申请人在规定期限之内办理登记手续后，国家知识产权局专利局制作并颁发专利证书，同时将授予专利权的决定在专利登记簿上登记并在专利公报上公告。对于有同日申请声明的实用新型专利申请，在授权公告时应同时公告同日申请声明。专利权自公告之日起生效。

第四讲　专利的复审和无效宣告

一、专利申请的复审

《专利法》规定，专利申请人对国务院专利行政部门驳回申请的决定不服的，可以自收到通知之日起 3 个月内向国务院专利行政部门请求复审。国务院专利行政部门复审后，作出决定，并通知专利申请人。

专利申请人在收到驳回决定之日起 3 个月内提出复审请求，启动复审程序。在提出复审请求时，请求人提交复审请求书，必要时可以附具证明文件和修改后的申请文件。

复审请求的复审决定，包括：(1) 复审请求成立，撤销原驳回决定；(2) 复审请求不成立，维持原驳回决定。

专利申请人对国务院专利行政部门的复审决定不服的，可以自收到通知之日起 3 个月内向人民法院起诉。

二、专利的无效宣告

《专利法》规定，自国务院专利行政部门公告授予专利权之日起，任何单位或者个人认为该专利权的授予不符合本法有关规定的，可以请求国务院专利行政部门宣告该专利权无效。

无效请求的审查程序包括：

1. 无效宣告请求的形式审查

任何单位或者个人认为一项专利权的授予不符合《专利法》有关规定的，均可以提出无效宣告请求，但需要提交无效宣告请求书。

国务院专利行政部门收到无效宣告请求书后，对无效宣告请求进行形式审查，形式审查的内容主要有无效宣告请求的格式、无效宣告请求的范围以及理由和证据等。当形式审查合格后，向无效宣告请求人发出无效宣告请求受理通知书，并通知无效宣告请求人和专利权人。

2. 无效宣告请求的合议审查

合议审查是基于形式审查后启动的，国务院专利行政部门将成立合议组负责合议审查。针对不同的情况，国务院专利行政部门的合议组可以采用转送文件、口头审理以及发出无效宣告请求审查通知书的方式进行审查。

3. 无效宣告请求的审查决定

经过合议审查，作出无效宣告请求审查决定分为下列几种情况：(1) 宣告专利权全部无效；(2) 宣告专利权部分无效；(3) 维持专利权有效。

第五讲　专利的实施、运用

一、专利的实施

（一）专利权人自行实施

专利权人可以根据专利权的内容自己施行专利权，通过制造、使用和销售来产生相应的经济效益。

企业自主实施需要进行奖励。为鼓励企业和广大科技人员发明创造的积极性，增强企业自主知识产权的拥有量，推进经济持续、稳步发展，需要开展发明创造专利奖励工作。

【提醒/提示】

——在申请专利和行使专利权时，要杜绝滥用专利权的现象。

申请专利和行使专利权应当遵循诚实信用原则，不得滥用专利权损害公共利益或者他人合法权益。

滥用专利权，排除或者限制竞争，构成垄断行为的，依照《中华人民共和国反垄断法》处理。

（二）许可他人实施

专利权人可许诺他人根据专利权的内容施行专利权，通过制造、使用和销售来产生相应的经济效益。

他人实施时应与专利权人签订专利权实施许可合同，专利权实施许可合同包括许可的约定时间、许可人、许可的实施范围与地域，被许可人向专利权人支付合理的使用费。当共有的专利权需要许可他人实施时，需要全体共有人的同意，另有约定的按《专利法》的规定执行。

知识卡片

国有企业事业单位的发明专利，对国家利益或者公共利益具有重大意义的，国务院有关主管部门和省、自治区、直辖市人民政府报经国务院批准，可以决定在批准的范围内推广应用，允许指定的单位实施，由实施单位按照国家规定向专利权人支付使用费。

二、专利许可

专利许可是指专利权人以订立专利实施许可合同的方式许可被许可方在一定的时间和一定的范围内使用其专利，并获得使用费的行为。需要注意的是，以共有的专利权订立专利实施许可合同的，除全体共有人另有约定或者《专利法》另有规定的外，应当取得其他共有人的同意。

★ 怎样才能促进企业专利权的商业化?

(1) 为了给企业带来切实的利益，需要考虑专利有效自我实施。只有当专利产品在市场上获得成功或者提高了企业的声誉和讨价还价能力时，专利才会产生经济效益。

(2) 把专利许可给他人，或者与他人建立合资经营、战略联合等。这些都可以让企业专利权“商业化”，从而使各方从中受益。

(一) 专利许可的方式

主要有以下几种实施方式：

1. 独占许可

是指在一定的地域内，被许可人在合同有效期内对被许可的专利技术独占实施。许可人不得在该地域实施，也不得再许可第三人实施。

2. 排他许可

是指在一定的地域内，被许可人在合同有效期内对被许可的专利技术的实施享有排他权。许可人不得再许可第三人实施，但可以自己实施。

3. 开放许可

专利权人自愿以书面方式向国务院专利行政部门声明愿意许可任何单位或者个人实施其专利，并明确许可使用费支付方式、标准的，由国务院专利行政部门予以公告，实行开放许可。

4. 普通许可

是指许可人允许被许可人在指定的地域内使用其专利技术，并允许被许可人在一定的条件下再许可第三人使用该技术。

实行开放许可的专利权人可以与被许可人就许可使用费进行协商后给予普通许可，但不得就该专利给予独占或者排他许可。

（二）专利许可的实施合同

专利权人与他人订立的专利实施许可合同，应当自合同生效之日起 3 个月内到国家知识产权局指定的部门办理备案手续。

申请专利实施许可合同备案，应当提交下列文件：

（1）许可人或者其委托的专利代理机构签字或者盖章的专利实施许可合同备案申请表；

（2）专利实施许可合同；

（3）双方当事人的身份证明；

（4）委托专利代理机构的，注明委托权限的委托书；

（5）其他需要提供的材料。

★“开放许可”合同的建立有哪些程序？

任何单位或者个人有意愿实施开放许可的专利的，以书面方式通知专利权人，并依照公告规定的支付方式及标准支付许可使用费后，即获得专利实施许可。

三、专利转让

专利转让是最常见的专利运用手段之一。专利转让是专利权利人将其专利申请权或者专利权转让给其他机构或个人的行为，受让人为此需要支付专利转让费用给转让人，从而使专利转让人从转让行为中获得收益，实现专利的经济价值。

专利转让必须经过国家知识产权局专利局登记和公告，才能发生转让的法律效力。

专利转让分为专利申请权的转让和专利权的转让两种情况：专利申请权的转让是指转让人将其申请的但尚未获得授权的专利（这是转让人仅拥有专利申请权）转让给受让人；专利权的转让则是指转让人将其已经获得授权的专利转让给受让人，可以是专利权的全部转让，也可以是专利权的部分转让。

【提醒/提示】

——专利权转让需要到国家知识产权局办理手续。

（1）专利申请权或者专利权的转让人需要与受让人签订一份书面的符合《专利法》及其他相关法律的转让合同。

（2）必须到国家知识产权局申请办理认定、登记手续。

（3）应向国家知识产权局提交“转让合同”和“著录项目变更申报书”，同时缴纳费用。

四、专利权的质押

专利权质押，是指为了担保债权的履行，债务人或者第三人将其所有的专利权移交债权人占有，当债务人不履行债务时，债权人有就其占有的专利权中的财产权优先受偿的担保方式。需要说明的，以共有的专利权出质的，除全体共有人另有约定的以外，应当取得其他共有人的同意。

以专利权出质的，出质人与质权人首先应当订立书面质押合同，质押合同可以是单独订立的合同，也可以是主合同中的担保条款；另外，应当向国家知识产权局办理专利权质押登记，专利质权自专利权质押登记之日起设立。

★ 办理专利权质押登记时，需要提交哪些文件？

办理专利权质押登记时，当事人应当提交下列文件：

(1) 出质人和质权人共同签字或者盖章的专利权质押登记申请表；

(2) 专利权质押合同；

(3) 双方当事人的身份证明；

(4) 委托代理的，提供注明委托权限的委托书；

(5) 专利权经过资产评估的，提交资产评估报告；

(6) 其他需要提供的材料。

五、专利保险

（一）定义

专利保险，是指投保人以授权专利和专利侵权赔偿责任为标的向保险公司投保，主要用于解决因专利的侵权行为而造成的民事责任赔偿和财产损失。

（二）专利保险的模式

1. 政府统保模式

专利保险的政府统保模式，是指保险公司根据政府需求设计有针对性的保险产品方案，由政府通过购买服务等方式为企业购买的专利保险买单。例如佛山的专利保险合作社，由政府作为投保人，针对管辖范围内的企业当年新授权的发明专利向保险公司集中投保购买专利保险。

2. 政银保模式

政银保模式，是指采取政府主导，政府、银行和保险公司三方共担风险和市场化运作的实施方式，通过建立风险补偿机制和贴息贴费优惠，拉动合作银行贷款投放量，并共同承担项目风险的模式。其中政府、银行和保险公司三方的职责分别是，政府提供保费补贴、贴息补贴和风险补偿支持，银行提供贷款，而保险公司为贷款主体提供保证保险。例如中山、德阳和武汉均采用政银保模式。

3. **政融保模式**

政融保模式，是指采取政府主导，通过保险资金投放和拉动其他金融机构资金投放的方式帮助拥有优质专利的企业进行融资的模式。其中政府、金融机构和保险公司三方的职责分别是，政府提供政策支持，补贴和专项风险资金增信，保险公司为融资主体提供风险补偿保险和直接融资支持，金融机构提供融资。例如，苏州“投保贷联动”险资直投模式就是政融保模式的代表。

（三）专利保险的产品种类

专利保险内容包括专利代理、专利申请、专利无效、专利侵权、专利许可、专利资产评估等多个方面，涉及40多种专利保险产品。例如，专利执行保险、专利侵权责任保险、专利质押融资保险等。

（四）专利保险的投保和理赔流程

（1）在地方知识产权主管部门和专利保险代理服务机构的协调下，客户向保险公司投保咨询；

（2）由保险公司上门进行风险评估，设计相关承保方案；

（3）在达成投保意向后，客户按照要求填写相关投保单；

（4）由保险公司对投保单进行内部审核；

（5）内部审核通过后，缴纳相应保险费；

（6）保险公司在收到保险费后，出具保险单。

六、专利联盟

专利联盟通常是指相关企业之间基于共同的战略利益，以一组密切相连的专利技术为纽带而达成联盟。

在联盟内部，各成员可以就联盟中的专利相互进行交叉许可，或者优惠使用彼此的专利技术；而且，共同对联盟外部发布联合许可声明，多以商业交换为条件，以统一许可条件向第三方开放进行横向和纵向许可，许可费率由联盟中的专利权人协商决定后通过一定的机构来实施。

专利联盟可分为封闭式专利联盟和开放式专利联盟两大类。

封闭式专利联盟只限于成员内部互相交叉许可，不统一对外许可。

开放式专利联盟中的成员间可以交叉许可各自的专利，也可以制定统一的许可费标准统一对外许可。整个专利联盟也可以整体或者部分地向外许可。随着经济社会的发展，开放式专利联盟已经成为主流。

★ 专利联盟对企业提高竞争力有哪些帮助?

(1) 有利于国内企业专利技术的合作与推广。企业通过专利联盟，一方面使有限的专利技术能够在更大范围内得到共享与推广；另一方面，又能够获得更多的技术创新资源。

(2) 建立专利联盟，可以加强企业之间的技术协作。企业在实力弱小的情况下，凝聚集体的力量发挥现有专利资产的效能，去对抗实力强大的竞争对手。

(3) 为企业带来可开发的商业利益，有效提升企业竞争力。专利联盟的建立有利于推动技术标准的建立，增强在未来国际产业标准中的发言权。通过技术标准的垄断性，企业就可以在市场竞争中占据有利地位，从而将企业的技术研发转化为现实的竞争力，最终为企业带来商业利益。

第六讲　专利导航与布局

一、专利导航

(一) 专利导航的含义

专利导航，是在科技研发、产业规划和专利运营等活动中，通过利用产业、技术、市场、专利等多维度大数据资源，对特定研究对象在相关领域面临的国际国内专利技术发展趋势及竞争全景进行全面深入的分析，帮助其明晰自身在产业链、技术链、创新链中的发展定位及优劣势，前瞻识别研判可能的发展风险及挑战，明确未来发展方向及可能的发展路径，为其制定发展规划、支撑创新决策、引领技术研发、优化成果保护、获取竞争优势等提供专利视角下的策略举措支持。

★ 专利导航包括哪些特定的研究对象?

(1) 特定区域。特定区域可以是行政区，也可以是产业园区，还可以是松散的产业集聚区等。

(2) 特定产业。特定产业主要是指工业，尤其是制造业中的技术、专利密集型产业和战略性新兴产业等。

(3) 特定创新主体。特定创新主体包括企业和从事创新活动的高校、科研院所等；相关领域可以是某一具体的技术领域，也可以是某一特定产品。

(二) 专利导航的特征

1. 以专利数据为基础

专利数据是专利导航的基本信息元素，也是专利导航在信息来源上区别于其他决策方法的最核心特征。一方面，专利数据作为承载技术创新的重要载体，其所包含的创新信息的密度远高于普通数据；另一方面，专利数据能够在时间、空间上及时反映出信息的动态变化，不同国家的专利数据之间，专利数据与产业、经济、科技等多元多态数据之间，都能以专利数据为中心进行顺畅的数据维度扩展。专利数据可以很好地结合大数据技术进行数据相关性分析，高效率、高质量地挖掘创新决策支撑信息。

2. 以精准建模为方法

专利导航根据具体的应用需求，可以构建面向不同运用场景的逻辑模型；根据不同的逻辑模型，可以针对性设定数据采集的数量、维度及精确度等边界参数；根据不同的数据范围，可以按需取舍关联分析的网格宽度，确保适当颗粒度的有效信息高效率析出。专利导航模型、数据和分析的针对性运用，使得专利导航具有面向产业需求的自适应性，对信息力度和粒度的强弱与大小进行加工处理，确保面向各类决策支撑的信息的精准性，从而更好地服务于产业创新发展。

3. 以价值最大化为目标

专利导航通过构建专利数据与其他多维度数据的连接，不断拓展专利数据挖掘的深度和广度，提取多样化、多维度的高质量信息，促进供给产业创新发展决策信息的价值最大化，提升支撑决策的精准度，促进产业创新要素的高效流动，提升创新水平和效率，从而在专利信息价值最大化的基础上实现产业创新资源配置效益的最大化，助力产业自主可控发展。

★ 专利导航的内容包括哪些?

一是发展全景分析。分析特定区域、特定产业、特定创新主体在相关领域面临的国际国内专利技术发展形势和竞争全景。

二是发展方向分析。分析特定产业技术领域的发展趋势和方向及可能的发展路径。

三是发展定位分析。分析特定区域、特定产业、特定创新主体在相关领域的专利和技术储备、优劣势及实力定位。

四是发展风险分析。进行各种发展路径的专利技术壁垒和风险的筛查、识别、研判及权衡。

五是发展路线图分析。重点进行特定区域、特定产业、特定创新主体在相关领域可能的发展方向研判及配套策略、举措、路线图的设计等。

（三）专利导航的实施流程

专利导航工作的基本流程，主要包括以下五个基本步骤：

第一步，对研究对象的基本状况进行摸查。需要全面了解研究对象与技术创新及竞争相关的各方面基本情况。

第二步，相关产业技术竞争形势分析。对研究对象所涉及的产业技术领域进行专利技术竞争形势的全景梳理和分析，为开展专利导航分析提供基础和参照系。

第三步，研究对象技术创新状况及定位分析。将研究对象的技术研发储备、创新人才资源和专利储备等纳入产业技术竞争“全景沙盘”中进行分析研判，客观、准确地确定研究对象所拥有的专利技术的现状和定位，发现和识别研究对象在该产业技术领域的创新发展上存在的问题和不足。

第四步，研究对象创新发展目标及关键要素分析。结合研究对象存在的问题、不足以及所处产业技术领域的竞争格局，紧扣研究对象的整体发展战略，分析确定研究对象的发展目标以及响应相关发展诉求的关键要素。

第五步，研究对象创新发展路径及方案分析。针对研究对象的发展目标或发展诉求，通过专利大数据分析以及结合产业数据、市场数据和技术数据等内容的关联分析，为研究对象的创新发展梳理可能的路径、评估潜在的风险、权衡可能的方案。

【提醒/提示】

——注意专利导航在具体实施上存在的盲区或误区。

常见的是：简单将专利导航等同于专利分析。简单套用专利导航实施导则和分析模型，而未根据专利导航对象的实际来进行针对性设计和分析。

二、专利布局

（一）专利布局的含义

专利布局，是指企业综合产业、市场和法律等因素，对专利进行集合，涵盖了与企业利害相关的时间、地域、技术和产品等维度，构建严密高效的专利保护网，最终形成对企业有利的专利组合。

专利布局的根本目标是通过在一些地域，围绕一定的产品和技术有目的地进行专利部署，为企业的市场竞争服务，维护、巩固和提升企业市场竞争地位。

★ 为了实现专利布局的目标，应当注意什么问题?

一是应该综合考虑多种因素制定专利布局规划，在产业、技术领域、市场地域、布局地点、布局时机、专利申请时机、专利申请类型等多方面有针对性、策略性和前瞻性的专利谋划和部署，构建严密高效的专利保护网。

二是在专利分布结构上，要突出企业的优势技术、重点产品和主要市场地域。一个技术研发项目的内容繁多，往往涉及多个领域、多个路线、多个细分技术、多个技术节点、多个技术方案，因此，需要通过分析梳理明确研发项目创新成果中最具布局价值的发明创新成果所在，明晰需要通过申请专利加以重点保护的主要技术方向和技术重点，进而确定专利布局的主要投入方向和重点。

三是专利布局要覆盖保护自身产品和对抗竞争对手所必需的专利部署点。

四是在专利布局的专利数量规模上，要与企业自身所掌握的技术资源、市场份额相匹配，要与行业整体专利规模和竞争对手专利储备量保持一定的均衡性。

五是专利布局地域。专利权具有地域属性，一国知识产权机构授予的专利权只在该国境内发挥法律效力。在实践中，常常需要综合考虑销售市场、生产地以及产品的消费市场来明确需要布局专利的若干国家和地区，以获取相关专利保护。

六是专利布局时间。专利权具有时间属性，选择不同的时机申请、公开专利至关重要。在实践中，往往需要根据发明创造成果所处的不同技术发展阶段、产品技术推出的战略部署等，综合考虑确定专利申请布局的恰当时机。技术萌芽期，主要针对底层技术、基础技术进行专利布局；技术发展期，主要针对实现有关功能的应用技术进行专利布局；技术成熟期，主要针对相关技术的改进完善和标准化进行专利布局；技术衰退期，主要针对克服技术制约瓶颈的突破性技术或下一代技术进行专利布局。

（二）专利布局遵循的原则

1. 以前瞻性的视野进行总体规划

“产品未动，专利先行”。企业的专利申请和部署是为了能够在未来的市场竞争中形成有利格局。因此，企业在进行专利布局规划时要具有前瞻性，在专利部署上要瞄准未来市场中的技术控制力和竞争力。

企业的专利布局首先应该以企业自身的商业发展规划为基础，根据企业的技术、产品和未来的市场定位进行专利规划。一方面，企业在开始进行产品规划和市场规划的同时就要着手进行专利规划，在产品开始研发前就要开始准备专利部署。另一方面，企业还需要关注技术演进趋势、行业发展动态等外部因素，以确立未来的技术热点、市场增长点以及会面临的威胁点，从占据技术控制优势和管控专利风险的角度双管齐下，进行专利部署，甚至为研发项目的规划提供方向性指引。

2. 以维护、巩固企业的技术优势为突破方向

企业进行专利布局前，往往不得不面对的现实情况是，在该领域内已经积累了大量的专利或专利申请，这些专利或专利申请随时都有可能成为企业市场拓展的障碍和潜在的风险。

应对这些风险，需要构建专利防御体系，在构建过程中企业需要考虑自身产品或技术上的差异化的特性或功能所具有的技术优势，有重点地进行突围，通过点上的突破来推动企业整体专利竞争优势的提升。巩固和强化企业在技术优势点上的控制力，力争在这些技术优势点上占据行业领先地位甚至引导其他对手产品的发展，以使企业的专利武器更具威胁性和攻击力，在技术竞争中实现由被动防御转变为攻防结合，摆脱他人的专利约束。

3. 以针对性的专利部署进行具体落实

根据发展需求有目标、有规划地申请专利，能够极大地提升专利申请的资源利用效率以及专利包的整体价值。为此，企业的专利布局要具备针对性，要针对其所保护的不同产品、技术、地域以及其防御的不同竞争对手的各自特点，比如企业自身的专利需求和技术实力特点、行业的整体环境和发展态势特点、竞争对手的市场规划和专利储备特点等，综合考虑这些因素后，对于每一个产品、每一项技术、每一处地域，有针对性地开展专利布局。

4. 配合企业的整体战略调整布局数量和结构

企业的专利布局需要与其整体战略相协调，其体现为专利布局的数量和结构应该与企业所掌握的技术资源相匹配，满足其不同时期的技术研发、产品拓展、市场发展以及竞争等需求，满足企业未来专利运用的考虑。

其中，在配合企业战略进行专利布局时，一是考虑企业现实的资源、能力和需求，有意识地在其重点发展领域进行优先的专利部署，保证其在专利数量和专利分布结构上的优势；二是要充分从企业的长远发展规划出发，提前在一些领域建立专利储备资源；三是要随时根据企业发展规划的变化，调整其专利的规模和结构、专利布局的重点领域。此外，这种协调也体现为对于那些已经失去运用价值的专利，及时进行转让、许可、放弃等，从而减少企业的经济负担。

（三）专利布局方式

1. 保护性专利布局

为企业自身的产品方案和技术成果提供较为完整的保护，尽量消除他人通过规避设计来绕开企业专利的可能，并争取在个别技术领域或技术点上占据一定的专利优势。

2. 对抗性专利布局

为抵御主要竞争对手在企业重点产品和市场上发动的专利攻击行为并在个别领域形成一定的专利反击力量提供专利筹码，尽量消除竞争对手在这些产品和市场上对企业的专利威胁。

3. 储备性专利布局

为在未来的产品换代、技术升级、产业变革中继续保持和提升其市场竞争力甚至在某些领域谋求专利控制地位提前进行专利圈地，以技术演进趋势和行业发展态势为导向，将企业的专利部署点和覆盖范围向未来可能的市场竞争领域延伸。

★ 专利布局中的专利分为哪些基本类型？

（1）基础性专利。主要是覆盖了创新技术成果的核心或基本方案的最主要技术特征，为其提供最大保护范围的若干专利。这些专利发挥了对该技术成果最基础、最重要的保护和控制作用。

（2）竞争性专利。主要是为解决同一技术问题，或为实现相同或相近的技术效果而采取不同替代技术方案的专利。通过围绕某一技术方案设置若干竞争性专利，可以在一定程度上防止他人的规避设计，提高竞争对手的研发成本。另外，其中的一些也有可能成为企业的储备性技术，随着技术和市场的未来发展而替代现在使用的方案。

(3) 互补性专利。主要是围绕核心或基本方案衍生出的各类改进型方案的专利，包括对技术本身的优化、改进方案，以及与各种产品结合时产生的具体应用方案等。这些专利与基础性专利在保护范围和保护效果上相互补充。在实际运用中，这类专利可以对自身的核心和基本方案实现有效延伸保护。

(4) 支撑性专利。主要是对核心或基本方案的具体实施起到配套、支撑作用的相关技术专利，例如与该方案相关的上下游技术的专利。这些专利与基础性专利在对技术的控制作用上相互依赖。在实际运用中，围绕基础性专利设置必要的支撑性专利可有效扩大企业的技术控制范围，增强企业的技术控制力，增加企业对产业链的影响力，减少其终端产品受他人专利制约的可能。

(5) 延伸性专利。主要是核心或基本方案在向其他应用领域扩展时所衍生出的各种变形方案，以及其与这些领域中的相关技术相结合时产生的技术组合方案。通过设置这些专利，为潜在的各类扩展应用可能提前建立保护屏障，使得企业的技术控制领域得以延伸，为进一步扩大其技术影响力和技术收益提供支撑。

需要说明的是，一件专利的具体所属类型，取决于其所处的专利组合以及该专利在组合中发挥的作用等因素，同一件专利在不同的组合中可以属于不同的类型。

第七讲　专利权的保护

一、专利纠纷类型

(一) 专利侵权行为

发明或者实用新型专利权的保护范围以其权利要求的内容为准，说明书及附图可以用于解释权利要求的内容。外观设计专利权的保护范围以表示在图片或者照片中的该产品的外观设计为准，简要说明可以用于解释图片或者照片所表示的该产品的外观设计。

专利侵权主要表现为：

1. 未经许可，为生产经营目的制造、使用、许诺销售、销售、进口其专利产品；

2. 未经许可，使用其专利方法；

3. 未经许可，使用、许诺销售、销售、进口依照该专利方法直接获得的产品；

4. 未经许可，制造、销售、进口其外观设计专利产品。

（二）假冒专利的行为

1. 在未被授予专利权的产品或者其包装上标注专利标识，专利权被宣告无效后或者终止后继续在产品或者其包装上标注专利标识，或者未经许可在产品或者产品包装上标注他人的专利号。

2. 销售上述产品的行为。

3. 在产品说明书等材料中将未被授予专利权的技术或者设计称为专利技术或者专利设计，将专利申请称为专利，或者未经许可使用他人的专利号，使公众将所涉及的技术或者设计误认为是他人的专利技术或者专利设计。

4. 伪造或者变造专利证书、专利文件或者专利申请文件。

5. 其他制造混淆，使公众将未被授予专利权的技术或者设计误认为是专利技术或者设计的行为。

★ 对涉嫌假冒专利行为进行查处时，专利执法部门有权采取哪些措施？

（一）询问有关当事人，调查与涉嫌违法行为有关的情况；

（二）对当事人涉嫌违法行为的场所实施现场检查；

（三）查阅、复制与涉嫌违法行为有关的合同、发票、账簿以及其他有关资料；

（四）检查与涉嫌违法行为有关的产品；

（五）对有证据证明是假冒专利的产品，可以查封或者扣押。

二、法律责任

（一）民事责任

民事责任是由人民法院对侵权人所作出的司法判决，具体实施方式为，要求侵权人停止侵权行为或赔偿损失。

侵犯专利权的赔偿数额按照权利人因被侵权所受到的实际损失或者侵权人因侵权所获得的利益确定；权利人的损失或者侵权人获得的利益难以确定的，参照该专利许可使用费的倍数合理确定。对故意侵犯专利权，情节严重的，可以在按照上述方法确定数额的一倍以上五倍以下确定赔偿数额。

权利人的损失、侵权人获得的利益和专利许可使用费均难以确定的，人民法院可以根据专利权的类型、侵权行为的性质和情节等因素，确定给予三万元以上五百万元以下的赔偿。

赔偿数额还应当包括权利人为制止侵权行为所支付的合理开支。

（二）刑事责任

假冒专利构成犯罪的，依法追究刑事责任。根据《中华人民共和国刑法》（以下简称《刑法》）规定，假冒他人专利，情节严重的，处以三年以下有期徒刑或者拘役，并处或者单处罚金。

三、专利纠纷解决方式

《专利法》规定了协商、诉讼、行政裁决等方式。

1. 协商

未经专利权人许可，实施其专利，即侵犯其专利权，引起纠纷的，由当事人协商解决。

2. 诉讼

专利纠纷当事人不愿协商或者协商不成的，专利权人或者利害关系人可以向人民法院起诉。

3. 行政裁决

专利纠纷当事人也可以请求管理专利工作的部门进行行政处理。

【提醒/提示】

——管理专利工作的部门处理专利侵权纠纷时，可以采取下列措施。

（一）询问有关当事人，调查与涉嫌违法行为有关的情况；

（二）对当事人涉嫌违法行为的场所实施现场检查；

（三）检查与涉嫌违法行为有关的产品。

同时，要求当事人应当予以协助、配合，不得拒绝、阻挠。

管理专利工作的部门处理时，认定侵权行为成立的，可以责令侵权人立即停止侵权行为，当事人不服的，可以自收到处理通知之日起十五日内依照《中华人民共和国行政诉讼法》（以下简称《行政诉讼法》）向人民法院起诉；侵权人期满不起诉又不停止侵权行为的，管理专利工作的部门可以申请人民法院强制执行。进行处理的管理专利工作的部门应当事人的请求，可以就侵犯专利权的赔偿数额进行调解；调解不成的，当事人可以依照《中华人民共和国民事诉讼法》（以下简称《民事诉讼法》）向人民法院起诉。

★ 发生专利侵权纠纷时，为什么要注意诉讼时效？

《专利法》规定：“侵犯专利权的诉讼时效为三年，自专利权人或者利害关系人知道或者应当知道侵权行为以及侵权人之日起计算。”

发明专利申请公布后至专利权授予前使用该发明未支付适当使用费的，专利权人要求支付使用费的诉讼时效为三年，自专利权人知道或者应当知道他人使用其发明之日起计算。但是，专利权人于专利权授予之日前即已知道或者应当知道的，自专利权授予之日起计算。

当时效期间届满时，法院不会支持其诉讼请求。

第八讲 专利的事务管理

一、专利人事管理

知识产权专员的职责、任务要与企业、高校和科研机构的专利人事管理工作紧密挂钩。

专利人事管理工作包括：

1. 制度建设

完善各种制度，制定任务目标。建立知识产权管理体系，确保知识产权管理体系有效运行。

2. 机构设置

在企业内部设置知识产权管理机构，并配备专职的知识产权管理人员，负责企业知识产权的日常管理工作，参与监督和考核其他相关部门和岗位的知识产权工作。

3. 人才配备

知识产权工作都是由员工来做，因此，企业内部的知识产权人才就显得非常重要。需要配备具有知识背景、工作经验、管理水平的人员，才能更好地实现知识产权部门的职责。

4. 宣教培训

开展知识产权宣传和培训是提升员工知识产权意识的有效途径。培训的目的是使员工充分认识到知识产权是企业重要的无形资产和有效的竞争手段。宣教培训可以采取多种方式。

5. 联络沟通制度

将与知识产权管理体系有关的信息，完整、准确、及时地传达给最高管理者以及相关人员。企业的知识产权管理人员，要与内部和外部的人员打交道。对内沟通的对象是领导或员工。对外沟通包括：专利审查机构，知识产权服务机构，知识产权行政监督部门或司法部门，以及向所在市县的知识产权局汇报工作等。

二、专利申请质量管理

专利申请文件属于一种法律文件。作为法律文件，专利申请文件不仅形式上有严格的法律限制，其内容也必须符合法律的要求。

控制专利申请文件的质量是企业知识产权管理中的一个重要环节，专利申请文件质量的好坏对于后续的专利权保护有着决定性的作用。总体而言，控制专利申请文件质量，关键是通过技术交底书来撰写出合格的权利要求书和说明书。合格的权利要求书和说明书要做到既能够达到专利申请文件具有最低公开内容和最低公开量的要求，又能够合理圈定要求保护的专利范围。也就是说，专利申请文件既要做到能保障企业获得专利权，又要在一定程度上保留技术秘密。

三、专利文档管理

专利的法定保护期限长达 10～20 年，从专利提案、检索资料、申请文件、审查到各类通知文件、专利证书等，其间涉及的法律文件较多。除此之外，部分专利还涉及复审、无效以及诉讼的相关事务，涉及的文档数量巨大。而且，不同的文档在不同的阶段都有其存在的必要性。

为了使专利工作顺利、持续开展，文档管理就相当必要了。

1. 纸质文档的管理

在工作中为了准确快速地查阅专利文档，必须将其进行归档保存。如果按专利号查找，因其号码是全国编号，单个企业专利的申请号无序且是 13 位数，打印到小标签上字体过小，不利于方便快捷地查找专利。可以根据使用习惯并适当结合专利申请数量来制定专利文档的编码规则。

直接用申请号归档，其优点是无须打开工作表去查找相应的公司内部案卷号，就可以直接将其按专利申请号进行存档和取阅。

2. 电子文档的管理

电子文档的载体一般为 doc 格式、ppt 格式、pdf 格式等，内容可能是商务合同、会议纪要、产品手册、客户资料、设计图稿等。这些电子文档可能是流程性质的也可能是公司正式发布的文档；可能处在编写阶段，也可能是已经归档不能再修改的。

随着信息化进程，可以使用电子文档管理系统进行管理，或按管理软件的要求进行管理，通常管理软件都是按个案进行存档，即同一个申请案中的所有文档都存放在一起，按专利申请号或案号进行存档。

四、专利费用管理

专利的费用主要包括向专利局缴纳的各种费用以及专利代理过程中产生的代理相关费用。按照专利申请所处的阶段，这些费用包括申请前、审查中和授权后三个阶段的费用。下面将常用的几种费用介绍一下：

（一）常用费用

1. 申请费

申请费的缴纳期限是自申请日起算两个月内。与申请费同时缴纳的费用还包括发明专利申请公布印刷费、申请附加费，要求优先权的，应同时缴纳优先权要求费。未在规定的期限内缴纳或缴足的，专利申请将视为撤回。

说明书（包括附图）页数超过 30 页或者权利要求超过 10 项时，需要缴纳申请附加费，金额以超出页数或者项数计算。

优先权要求费的费用金额以要求优先权的项数计算。未在规定的期限内缴纳或缴足的，视为未要求优先权。

申请专利费用见表 1 - 2 所列。

表 1-2　专利费用表　　　　（单位：元）

费用名称＼专利类型		发　明	实用新型	外观设计
申请费		900	500	500
文件印刷费		50	—	—
说明书附加费	从第 31 页起每页	50	50	50
	从第 301 页起每页	100	100	100
权利要求附加费（从第 11 项起每项）		150	150	150
优先权要求费（每项）		80	80	80

2. 发明专利申请实质审查费

对于发明专利中需要进行实质审查的，申请人应在指定期限内提交实质审查的请求书，并同时缴纳实质审查费用（人民币 2500 元）。

提交的实质审查请求和实质审查费用的缴纳期限应当是自申请日起三年之内，若是有优先权要求的，应当以最早的优先权日起三年之内。而没有在规定的期限内提交实质审查请求或者未缴足、未缴纳实质审查费用的，专利将被视为撤回。

3. 专利年费

专利年费是指专利权人依照《专利法》规定，自被授予专利权的当年开始，在专利权有效期内逐年向专利局缴纳的费用。费用可以直接向专利局缴纳，也可以通过邮局汇付。

在专利申请授权后，专利申请人在办理登记手续时，除缴纳专利登记费外，还应缴纳授予专利权当年的年费。以后每年的年费应在前一年度期满前一个月内预缴（即专利申请日前一个月内预缴下一年度的年费）。

如果没有按规定时间缴纳或者缴纳数额不足的，可在年费期满之日起的 6 个月内补缴，同时缴纳相应数额的滞纳金，否则将丧失专利权。

（二）专利费用分类

1. 主动缴纳的费用

这类费用主要有两类：一类是年费，另一类是实质审查请求费。若费用是自行缴纳的，则需要注意在缴费期限前缴纳。

2. 按通知缴纳的费用

此类费用按国家知识产权局的交费通知在法定期限前缴纳即可，包括申请费、恢复权利请求费、复审费、专利登记费。

若费用是委托代理机构代为缴纳，则企业在与代理机构进行费用结算时对于费用清单、结算时间、附件要求都需要有明确的约定。

【提醒/提示】

——如果符合减缴部分专利费用的条件，就可以减缴。

(1) 上年度的月均收入低于5000元（年收入低于6万元）的个人；

(2) 上年度企业的应纳税所得额低于100万元的小型企业；

(3) 事业单位、非营利性科研机构、社会团体。

减缴的专利费包括申请费、发明专利申请实质审查费、自授予其专利权内六年的年费、复审费，但不包括公布印刷费和申请附加费。专利申请人满足上述条件的个人或者单位申请的减缴上述费用的85%，而两个或两个以上申请人的减缴上述费用的70%。

3. 专利代理费

专利代理费支付是指企业与专利代理机构在专利代理合约中按约定的条件支付费用。

五、专利期限管理

专利申请是一项时效性很强的工作。在专利申请尤其是发明专利申请过程中，专利申请人需要和国家知识产权局专利局进行各种互动，并按照规定的时间要求完成特定的工作。如果申请人未能在该期限内完成特定的工作，很有可能导致专利申请活动的终止。因此，专利期限对专利申请人来讲是一个必须严肃对待的事情。

【提醒/提示】

——几个比较常见的专利期限，需要我们关注。

(1) 专利申请费缴纳期限：自申请日起2个月内。

(2) 实用新型或外观设计专利申请主动修改申请的期限：自申请日起3个月内。

(3) 答复第一次审查意见的期限：自收到第一次审查意见之日起4个月内。

(4) 发明专利申请请求实质审查的期限：自申请日起（或优先权日）起3年内。

(5) 缴纳实质审查费的期限：自申请日（或优先权日）起3年内。

(6) 申请人请求复审期限：自收到驳回决定后3个月内。

(7) 申请人对复审不服，向法院起诉期限：自收到复审决定3个月内。

(8) 办理专利登记手续的期限：自接到通知2个月内。

(9) 缴纳授权登记费的期限：自收到办理登记手续通知书之日起2个月内。

(10) 请求恢复权利的期限：自接到通知后2个月内。

(11) 对侵权行为处理决定不服，向法院起诉期限：自收到决定起3个月内。

(12) 缴纳年费的期限：不迟于下一年度年费缴纳之日。

专利期限管理的目的就在于确保各项工作必须在规定的专利期限内完成，这对于保持专利申请活动的顺畅性、维持专利申请的有效性以及避免不必要的流程失误至关重要。

专利期限管理操作需要注意如下事项：

1. 专利管理人员（例如专利流程管理人员）分析专利期限的截止日期，将该截止日期记录入相关的专利文档，或者输入相应的管理软件。

2. 将该专利期限内需要完成的任务分配给相关的人员。

3. 督促、提醒相关人员在预先告知的日期之前完成其任务。

4. 相关人员完成其任务后，将其完成结果告知专利管理人员，由专利管理人员在专利期限内依照专利局或其他有关单位的要求完成相应的任务。

5. 专利管理人员（专利流程管理人员）记录完成任务的时间。

六、专利维持管理

专利维持是指维持专利的效力，使专利的某种效力状态得以延续。专利维持管理，就是对专利维持这种效力延续状态和措施的管理。

按照专利状态的不同，专利维持管理可以分为两种：其一是对专利申请状态的维持的管理；其二是对专利生效状态的维持的管理。

专利从申请到授权生效再到失效是一个漫长的过程。在中国专利法律制度之下，这个过程最长可以持续 20 年之久。但是这个过程需要维持，否则，如果放弃对这个过程的维持，专利的生命随时都可能戛然而止。因此，专利维持管理的目的就在于维持专利的生命状态，包括申请状态以及生效状态，使专利保持与其价值相称的寿命。

专利维持管理的措施一般来讲主要有两种：其一是通过在法定期限内足额缴纳相应的费用而使专利生命状态得以持续；其二是通过在法定期限内完成专利主管机关要求完成的任务而使专利生命状态得以持续。

在专利申请状态的维持方面，通常需要同时采用上述两种维持措施，而在专利生效状态的维持方面，由于专利已经得到授权，通常只需要采用第一种即及时缴纳费用（年费）的措施即可。

专利维持管理的操作流程包括：

（1）计算维持节点到来的时间。

（2）分析维持节点的维持措施。

（3）分析维持的技术成本或经济成本。

（4）评估不得不放弃的事由是否充分。

（5）作出评估决定。

（6）如果评估决定维持，则采取相应的维持措施；如果评估决定放弃，则不再作出任何行动。

七、专利代理管理

在专利代理管理中，关键要点在于如何选择并有效利用代理资源，以及与代理之间进行通畅的业务沟通。

★ 申请专利时，为什么要委托专利代理机构去办理？

(1) 专利审查过程中的一些流程和手续比较复杂，可以交给业务熟练的专利代理机构去处理。这样企业就不必花费过多的人力精力去办理，使企业的工作重心放在研发产品本身上。

(2) 有些企业的技术人员自己撰写权利要求书，往往会导致产品的保护范围变小或者有所偏差而被宣告无效。然而交给专利代理师撰写，他们有经验，可以使专利保护范围变大，而且专利更为稳定。

(3) 专利代理机构可以帮助企业进行规范的专利挖掘和专利布局，全面保护企业专利的合法权益不受影响。

选择代理机构主要要考虑如下因素：地理位置、专业领域、业务运作形式、组织机构以及专利代理师队伍组成等。除上述因素外，还要考察专利代理机构的年案件处理能力、现有客户对象、档案管理及办公设备等。

还有一个选择方法就是同案比较。将一个专利提案的技术交底书，分别交由两家专利代理机构撰写；对两家代理机构撰写的案件，从多方面进行比较，择优选用。往复几次即可选择到合适的专利代理机构。

专利代理业务管理的一个最为重要的目标是案件的处理质量，专利时效性要求高，那么落实质量管理的关键点就是让合适的专利代理人在规定的时间内处理好案件。

除此之外，就是要看代理机构中案件承办人员的服务态度，以及文件传送的及时性。

【提醒/提示】

——要考虑控制专利代理的成本。

(1) 代理费用是协议产生的，因此，我们可以通过调查专利代理费的行业平均价格，协商出一个性价比高的价格。当然，我们可以选择多家代理机构，让他们在服务过程中提高代理质量，而不是一味比拼价格。

（2）专利代理费的发生与专利申请的规模有关，一定是“水涨船高”。因此，控制专利申请总量也可以控制专利代理成本。

（3）在将专利申请工作外包给专利代理机构时，企业要评估自己的专利管理能力。只将那些最有必要的专利业务外包给代理机构，自己能做的自己做，减少代理事项以减少代理费支出。

八、专利风险管理

专利风险对于企业而言，存在于任何与专利相关的行为中，因管理疏忽或处理不当都有可能带来负面后果和损失。所以，专利风险管理工作的作用就是通过一系列的制度和行为规范，消除或降低风险发生的可能，以及在风险发生时尽可能地减少企业的负面后果和损失。

关于专利风险，企业管理的流程可以包括风险的排查归纳、风险评估、风险应对三个环节。

风险的排查和归纳是专利风险管理的基础工作，可以参照各项专利管理工作的流程和工作要点进行逐一的排查，还可以排查与企业专利或产品相关的风险性专利和产品，及时记录、及时分析，并对这些风险进行归纳和统计。

对于风险评估，企业的知识产权专员可以从风险行为发生的频度、企业内部对该行为的监管和制度约束力、风险行为等方面考虑。风险行为发生的频度越高、企业的监管和制度约束力越差，则风险发生的可能性越大。

对于风险应对，企业的知识产权专员应当考虑选择什么样的应对策略和采取哪些应对措施，根据风险评估及时和相关人员联络听取反馈，并汇报管理层，结合企业运营影响、实施成本、可执行性等方面综合决策。

九、知识产权贯标与认证工作

知识产权贯标对于企业来说，就是贯彻国家标准《企业知识产权管理规范》（GB/T29490—2013）。企业知识产权管理规范的国家标准由国家知识产权局制定，经由原国家质量监督检验检疫总局、国家标准化管理委员会批准，于2013年2月7日发布。

我国已是知识产权大国，但知识产权质量还不高，核心专利、知名品牌比较少，知识产权与经济发展的融合不够紧密，专利转化效率不高，侵权事件易发多发，维权成本高、赔偿低的现象仍然存在。这就需要高度重视知识产权工作，加强知识产权保护，营造一个激发创新活力、保护创新成果的良好环境，让广大制造企业想创新、敢创新、能创新，并充分享受到创新所带来的成果和效应。

知识产权贯标是一个系统的过程，在企业内部进行评审之后，就可以向第三方认证机构提交认证的申请。关于认证方面的知识，在第八单元中有详细介绍。

第二单元

商　标

第一讲　基本概念

一、商标

商标是随着商品生产的流通和交换而出现的，它是商品经济的产物。商标是由文字、图形、颜色等各种要素构成的一种标志，是商品的生产者和经营者或者服务提供者，为了标明自己生产经营的商品或者服务与市场上其他生产者或经营者生产经营的类似商品或者服务的区别，在其商品或者服务上使用的一种标记。商标的本质特征如下：

1. 商标必须具有显著特征

商标作为商品或者服务的标记，本质就是被消费者准确识别，不发生混淆，所以商标必须便于识别，将不同生产者的商品和服务来源区别开来。不具有识别性的标识不能申请商标注册。

2. 商标必须依附于商品或者服务

商标作为商品或者服务的标记，是一种商业标记，依附于商品或者服务而存在。没有商品或者服务就没有商标，商标与商品或者服务密不可分。

★ 商标有哪些作用?

（1）识别商品或服务来源。商标是产品的标志，它的出现首先表明产品的来源，给消费者传递新产品的信息，起着创造消费、刺激和引导需求的作用。

（2）促进商品或服务的销售。消费者通过商标来区别同类商品，快速、准确地选择自己的理想商品。商标成为企业开拓市场和在市场上展开竞争的重要工具。

(3) 保证商品或服务的质量。生产者或者服务提供者通过商标表示商品或某项服务为自己所提供，保证商品或服务的质量水平由商标拥有者单独控制，保持质量水平的一致和可预测性。

(4) 对商品或服务进行广告宣传。产品一旦以其优异的质量、独到的特性，取得消费者的信任与好评，就成了名牌产品，消费者会按照主观意愿，对自己信赖的品牌进行认牌购物，商标在这里就起着广告的作用。

(5) 树立商品信誉和企业信誉。商标凝结了被其标示的商品以及该商品的生产经营者的信誉，是商品信誉和与之有关的企业信誉的最佳标记。

商标的构成要素十分广泛。商标构成要素一般包括：文字、图形、字母、数字、三维标志、颜色组合和声音等，以及上述要素的组合。

单独由文字要素构成的商标称为文字商标。文字商标中的文字要素可以由各种语言文字、字母、拼音、数字，或者它们的组合形成。

单独由图形要素构成的商标称为图形商标。图形商标中的图形要素可以由平面图形或者几何图案形成。

二、商标注册

在实行商标使用原则的国家，商标权赋予首先使用的人。在实行商标注册原则的国家，商标权赋予首先注册商标的人。

知识卡片

商标权，是指法律赋予商标所有人对其使用或者注册的商标所享有的支配性权利，商标权是商标法的核心。

商标权也有其时效性。《中华人民共和国商标法》(以下简称《商标法》)规定，注册商标的有效期为10年，自核准注册之日起计算。

我国是实行商标注册原则的国家，所以商标权指的是注册商标专用权。我国《商标法》规定，经国家知识产权局商标局核准注册的商标为注册商标，商标注册人享有商标专用权，受法律保护。

实际上，我国目前施行的是注册商标与非注册商标并行的商标制度。

尽管允许未注册商标的使用，但只有注册商标才享有商标专用权；对未注册商标来说，只有未注册驰名商标和有一定影响的未注册商标才能在一定程度上受到法律保护，而普通的未注册商标则处于“裸奔”状态，是受不到法律保护的。

未注册商标不享有商标专用权，谁都可以使用这个商标。一旦有人成功抢注该商标，这个商标的最先使用人就只能在原使用范围内继续使用该商标了。

★ 我国商标注册遵循哪些原则？

商标注册遵循先申请原则，原则上谁先申请，谁就有可能取得商标权，随之可能带来恶意抢注现象。为平衡利益，我国商标法设置了相关制度来弥补注册取得原则的不足之处：

一是实行自愿注册，允许未注册商标的使用。我国实行注册商标与非注册商标并行的商标制度，企业可以根据经营活动自主选择对商标注册或者不注册使用，比如需要打造品牌的商标可以申请注册，短期使用的商标可以选择不注册。

二是保护在先权利，与在先权利冲突的商标不能注册。

三是同日申请时，接受使用在先的商标。

商标权的主体是依法享有商标权的人，商标权主体不同于商标主体。

由于我国允许非注册商标的使用，所以商标主体包括商标权的主体和非注册商标使用人。

（1）按照权利取得是否是最初申请商标注册取得，可以将商标权主体分为原始主体和继受主体。

（2）按照主体的数量，可以分为单一申请人和共同申请人。

（3）根据主体的性质，可以分为自然人主体和非自然人主体。

商标权的客体是商标权所有人经过商标主管机关核准注册的注册商标。

对于一般的未注册商标，企业和个人皆可以使用，但其不受法律上商标专用权的保护；对于未注册的驰名商标，则享有特殊的保护，这将在本单元第七讲中详细论述。

知识卡片

涉外商标，一是指外国商标所有者在我国申请商标注册，二是指我国出口商品的商标注册。

出口商品商标应及时在国外申请注册，以取得外国法律对我国出口商品商标专用权的保护。及时注册有利于我国出口商品创名牌、保声誉，扩大商品出口，发展对外贸易，增强出口商品的竞争力。

根据《商标法》的规定，注册商标包括：

1. 商品商标

是指商标所有人为消费者提供的“产品”为有形商品。

2. 服务商标

是指商标所有人为消费者提供的“产品”为某种商业性质的服务项目的无形商品。

3. 集体商标

是指商标拥有者是团体、协会或者其他组织，组织内的成员在商事活动中使用集体商标，以表明使用者在该组织中的成员资格。集体商标名义上是由单一注册人即某组织的名义享有，实际上是由该组织成员共同享有并使用。集体商标不同于普通商标，其主要是用来表明使用该商标的主体之间存在某种联系。

4. 证明商标

是指由对某种商品或服务具有检测和监督能力的组织所控制，而由其以外的人使用在商品或服务上，以证明商品或服务的产地、原料、制造方法、质量、精确度或其他特定品质的商标。证明商标不同于普通商标，其注册和使用并非为了区分商品或服务的来源，而是为了证明该商品或者服务具有某种特定品质。尤其应注意的是，证明商标的注册人和使用人必须相分离；控制证明商标的组织自身不能提供有该商标标识的商品或服务，而只能允许合格的他人使用该注册商标。

三、商标权

商标专用权包括对注册商标的占有、使用、收益和处分的权利，以及禁用权、商标续展权。商标权的内容可以具体分为商标独占权、专有使用权、禁用权、转让权、许可权、标记权和续展权等。

1. 商标专有使用权

商标专有使用权是商标的各项权利中最基本的一项权利。商标作为区别同类商品或者服务的不同生产者、经营者的标记，只有让商标所有人享有专有使用权，才能达到与他人相区别的目的，才能树立商标的信誉、体现商标的价值。

2. 禁用权

也称独占权、排他权。该权利是指商标注册人可依法禁止他人未经许可对其商标进行商业性使用，其他任何人不得在相同或类似商品或服务上擅自使用与注册商标相同或近似的商标，误导消费者。具体表现为禁止他人非法使用、印制注册商标及其他侵权行为。

3. 许可权和转让权

商标作为无形财产，商标权人可以对其进行财产性处分，主要方式为许可和转让。许可权是指商标权人有权许可他人使用其注册商标并获得利益的权利。转让权是指商标权人有权将其注册商标转让给他人的权利。

4. 标记权

根据《商标法》的规定，商标注册人有权标明“注册商标”或者注册标记。标记权是商标权人享有的特有权利，未注册商标不得使用“注册商标”或者注册标记。出口商品商标应该注意的是未在该国家注册的商标，不能加注®的标记。否则出口商品到达该国时，即成为冒充注册商标。

5. 商标续展权

众所周知，知识产权是有期限限制的。商标权作为一种知识产权也不例外，其保护期一般为十年。但是，与专利权、著作权不同的是，商标权在保护期满后，可以依法提出续展申请，经商标主管机关审查、核准，商标所有人的注册商标可以再获得十年的保护，依次循环往复。

知识卡片

"TM"和"®"通常都出现在一些标志的右上角或右下角。

"TM"是"商标"的英文"trademark"的缩写，表明该标志是作为商标使用。

"®"是"注册"的英文"register"的缩写，表明该标志已经是注册商标，享有商标专用权。

表明注册标识是商标注册人的权利，并不是法律对于商标注册人规定的义务，商标注册人使用注册商标不标注商标注册标识，并不影响对于注册商标权利的保护。

第二讲　商标权的取得

一、获得商标权的方式

1. 向国家知识产权局商标局申请商标注册

申请商标注册是最传统、最常见的注册商标的方法。

企业或个人可以按照国家规定的注册条件、原则和程序，亲自或委托商标代理机构向国家知识产权局商标局提出商标注册申请；经过国家知识产权局商标局审核通过的商标便是注册商标，商标注册人可以享有商标专用权。

2. 通过转移方式获得商标权

是指基于他人既存的商标权获得商标权。这又分成两种情况：第一种，通过跟商标权人签订转让合同，出让人向受让人有偿或无偿地移转商标权；第二种，根据继承程序，由合法继承人继承被继承人的商标权。

二、商标要符合法定要求

（一）不得作为商标使用的标志

《商标法》中明确禁止作为商标使用的标志，包括：

1. 同中华人民共和国的国家名称、国旗、国徽、国歌、军旗、军徽、军歌、勋章等相同或者近似的，以及同中央国家机关的名称、标志、所在地特定地点的名称或者标志性建筑物的名称、图形相同的。此处的“国家名称”包括全称、简称和缩写，“勋章”是指国家有关部门授予对国家、社会有贡献的人或者组织的表示荣誉的证章。

2. 同外国的国家名称、国旗、国徽、军旗等相同或者近似的，但经该国政府同意的除外。此处的国家名称包括中文和外文的全称、简称和缩写。

3. 同政府间国际组织的名称、旗帜、徽记等相同或者近似的，但经该组织同意或者不易误导公众的除外。此处的国际组织的名称包括全称、简称或者缩写。

4. 与表明实施控制、予以保证的官方标志、检验印记相同或者近似的，但经授权的除外。

5. 同“红十字”“红新月”的名称、标志相同或者近似的。“红十字”和“红新月”都是自愿的国际性的救护救济组织。在国际条约中对这两会进行规定，其标志和名称不得用于与两会无关的活动。

6. 带有民族歧视性的。

7. 带有欺骗性，容易使公众对商品的质量等特点或者产地产生误认的。

8. 有害于社会主义道德风尚或者有其他不良影响的。

9. 对于地名作为商标的情况，原则上县级以上行政区划的地名或者公众知晓的外国地名，不得作为商标使用。但是，地名具有其他含义或者作为集体商标、证明商标组成部分的，可以作为商标使用；以地名作为商标已经注册使用的商标继续有效。此处的县级以上行政区划的地名以我国民政部编辑出版的《中华人民共和国行政区划简册》为准。此处的县级以上行政区划地名包括全称、简称以及拼音形式。

以上九项原则上作为商标的“禁用条款”的规定，既适用于注册商标，也适用于非注册商标。

（二）不得进行注册申请的标志

除了要满足不属于法律规定的禁止作为商标使用的标志之外，还要满足不属于《商标法》规定的不得进行注册申请的标志。

包括：（1）仅有本商品的通用名称、图形、型号的；（2）仅直接表示商品的质量、主要原料、功能、用途、重量、数量及其他特点的；（3）其他缺乏显著特征的；（4）以三维标志申请注册商标的；（5）复制、模仿或者翻译已有的注册商标的；（6）商标中有商品的地理标志的。

三、商标注册的申请

（一）申请日期

我国对于商标注册采用先申请原则，因此申请日期在先就可以在同种和类似商品或服务上排斥在后的相同或近似商标的申请。

商标注册的申请日期，以国家知识产权局商标局收到申请文件的日期为准。

★ 同一天提交注册申请时，该如何确定谁的注册申请有效？

两个或者两个以上的申请人，在同一种商品或者类似商品上，以相同或者近似的商标申请注册的，初步审定并公告申请在先的商标；同一天申请的，初步审定并公告使用在先的商标，驳回其他人的申请，不予公告。

具体来说，“初步审定并公告使用在先的商标”，是指各申请人应按照国家知识产权局商标局的通知，在30天内交送第一次使用该商标的日期的证明，根据该使用日期证明文件确定在先使用的商标。

优先权是指商标注册申请人对其商标注册在申请日期上享有的优先权，《巴黎公约》对优先权的规定为：任何人或其权利继承人，已经在本联盟某一成员国正式提出商标的注册申请的，在6个月内，在其他国家就同一商标在相同商品上提出的申请享有优先权。

在确定申请日期时，有优先权的可以主张优先权，使得申请日期不是本次提出该商标注册申请的日期，而是以申请人第一次提出该商标注册申请的日期为申请日期。申请优先权包括以下几种情况：（1）优先权的在先申请为外国；（2）优先权的在先申请为中国；（3）国际展览会的临时保护。

（二）申请文件

每一件商标注册申请应当向国家知识产权局商标局提交商标注册申请书和商标图样；以颜色组合或者着色图样申请商标注册的，应当提交着色图样并提交黑白稿。商标图样必须清晰、便于粘贴，用光洁耐用的纸张印制或者用照片代替。

商标注册申请书是国家知识产权局制定的格式文件，申请人应当按申请文件的规定项目逐一填写打印，不得使用手写。

1. 申请文件的填写

（1）填写商品类别和商品名称

根据《商标法》规定，商标注册申请人应当按照公布的商品分类表填报使用商品类别和商品名称，提出注册申请，商标注册申请人可以通过一份申请就多个类别的商品申请注册同一商标。

（2）填写联系人信息

联系人是指国家知识产权局商标局给商标申请人邮寄各种信函、通知时的指定收件人，要求准确可靠，并在二至三年中没有变动。

（3）代理委托书

委托商标代理组织代理申请的，应当填写代理组织机构的名称及加盖代理组织章戳和代理人签字。

直接申请办理未委托代理的，不须填写代理栏目。

（4）商标说明

商标说明是指申请人对自己的商标的组合、含义、来源以及声明商标设计中某一部分放弃专用权等情况加以简明扼要的说明。

★ 申请文件填写商标说明时需要注意什么？

如果无说明的必要，则可以不填；但对于下列情况按规定应该填写：

（1）采用其他少数民族文字和外国文字、字母作为商标申请注册时，应该说明是何种文字及相应的含义。否则，国家知识产权局商标局在审查时可能会按相近似的中文或英文含义解释，或作无含义解释。

（2）对特殊的字体应加以文字表述，否则，审查时可能会就近归类或列为图形类。

（3）申请商标如果是指定颜色的，则必须写明“指定颜色”；未注明的则一律按黑白颜色图样办理商标注册申请。

（4）对于申请三维立体商标的，应提交能够确定三维形状的至少三个面的视图图样（附件）和详细说明。

（5）对于申请颜色组合商标的，应提交文字说明，最好能注明所指定颜色的编号。如果不能指定颜色的编号，则以申请时的商标图样所实际采用的颜色为准。

2. 申请文件的提交

商标注册申请等有关文件，可以以书面方式或者数据电文方式提出。以《商标法》规定的数据电文方式提交商标注册申请等有关文件，应当按照国家知识产权局商标局的规定通过互联网提交。

四、商标注册的审查和核准

依据《商标法》规定，商标专用权须经注册取得。国家知识产权局商标局接到申请后，商标注册还要经过全面审查、初步审定（公告）和核准注册三个程序。

（一）全面审查

国家知识产权局商标局对商标注册申请采用全面审查制度，具体可以分为形式审查和实质审查两个阶段。

1. 形式审查

国家知识产权局商标局收到商标注册申请文件后，首先进行形式审查，涉及如下三个部分的审查：

（1）对申请文件的审查，包括：文件是否齐全，填写是否规范，签字、印章是否缺少，申请人信息与其证件信息是否一致；

（2）对商标图样规格、清晰程度及必要说明的审查；

（3）分类审查：对填报的商品、服务项目的审查。

2. 实质审查

形式审查通过后，即进行实质审查阶段。国家知识产权局商标局对于商标注册申请的实质要件审查包括三个方面内容：

（1）商标注册的禁止性规定审查；

（2）在先商标权冲突审查；

（3）是否具有显著特征。

商标权在实质审查后，若发现该申请全部不符合《商标法》的规定，全部驳回；若该申请只是部分不符合规定，部分驳回。

（二）初步审定（公告）

初步审定，是指国家知识产权局商标局经实质审查认为商标注册申请符合《商标法》《中华人民共和国商标法实施条例》（以下简称《商标法实施条例》）等法律规定，作出的准予该商标注册的初步决定。

初步审定的商标，国家知识产权局商标局在商标公告上刊登初步审定公告。

商标注册申请获得初步审定公告不等于商标获得核准注册。只有在异议期内没有异议或者虽有异议但经裁定异议不成立的，初步审定的商标给予核准注册，才会成为注册商标。

（三）核准注册

初步审定的商标，3 个月公告期满无异议的或异议被裁定不成立的，国家知识产权局商标局核准该商标注册，同时向商标注册申请人颁发商标注册证，并再次将该商标载于商标公告，以告知公众该商标已获得注册，该商标注册申请人依法获得了商标专用权。

第三讲 商标权的消灭

注册商标专用权具有时效性，有生也有灭。其商标专用权消灭的情况有注销、撤销和宣告无效。由于在申请商标注册时，可以指定多种商品或服务项目，所以可以仅针对其中部分的商品或服务上使用的注册商标权进行注销、撤销和宣告无效。

一、商标权的注销

注销注册商标，是指商标权人在放弃注册商标专用权时，由国家知识产权局商标局取消其商标注册的程序。需要注意的是，注销也会在商标公告上刊登。在注销后的一年内，他人一般不能以相同或近似的商标再行注册。

商标权人放弃注册商标专用权包括以下两种情况：

1. 有效期满前主动注销

商标权人在注册商标的有效期满前，因改产、转产、休业、破产、倒闭或者避免在部分商品上与他人商标冲突，或者不使用其注册商标的时候，为了避免影响他人正当注册或者使用与其相同、近似的商标，主动向国家知识产权局商标局递交注销注册商标申请书，同时缴回商标注册证。该种注销是商标注册人的一种非强制性义务。

国家知识产权局商标局收到商标注册人申请书后，予以注销，并予以公告。商标注册人主动申请注销注册商标的情况，比较少见。

2. 有效期满后自动注销

商标权人在知道或者遗忘注册商标的有效期截止日的情况下，未在注册商标的续展和宽展期满前及时办理续展手续的，国家知识产权局商标局会默认商标权人已经放弃商标权，国家知识产权局商标局自动办理注销。

二、商标权的撤销

商标权的撤销是指国家知识产权局商标局依职权或依申请撤销已经核准注册的商标。商标的天生使命即为区别不同商品或服务的来源，而这只能体现在商业流通中商标的使用上，商标如果长期不使用或者使用不当，就会面临被撤销的命运。

商标撤销不同于商标注销。商标注销主要是商标权人自由处分自己私权的结果，而商标撤销则不是商标权人可以自主决定的。

1. 以注册商标使用不当作为撤销理由

注册商标在使用过程中必须严格按照核准注册的商标图样和登记的相关注册信息进行规范使用。若要改变注册商标、注册人名义、地址或者其他注册事项的，应向国家知识产权局商标局申请变更注册商标并经国家知识产权局商标局核准才可以继续作为注册商标使用，否则自行变更后的商标只能当作未注册商标使用，如果继续作为注册商标使用则为使用不当，由地方市场监督管理部门责令限期改正；期满不改正的，由国家知识产权局商标局撤销其注册商标。

★ 注册商标使用不当包括哪些行为?

(1) 商标权人实际使用的注册商标与商标注册簿上的商标图样不一致，比如注册繁体字而实际使用简体字，或指定颜色的商标在实际使用中采用其他颜色等。我国对自行改变注册商标的处理很严格，因为擅自改变商标图样有可能带来冒充注册商标或侵犯其他人商标专用权等纠纷。

(2) 商标权人实际使用的注册商标的主体与商标注册簿上登记的信息不一致，比如注册商标的注册人名义、地址或者其他注册事项等与商标注册簿上登记的信息不一致。

(3) 自行转让注册商标，转让注册商标使商标权主体发生了变更，商标受让人应及时向国家知识产权局商标局办理相关手续，否则其无法名副其实地成为新的商标权人，也会为使用该注册商标带来诸多不便。

2. 以注册商标淡化为商品的通用名称作为撤销理由

具有显著特征的商标获得注册后，在使用过程中由于商标权人管理不善、保护不力等多种原因导致该注册商标逐渐失去显著特征，成为该类商品的通用名称，不再具备区分商品来源的功能。

3. 以注册商标连续三年不使用作为撤销理由

商标的主要功能在于区分不同商品或服务的来源，其功能的实现有赖于商标的实际使用。只有通过实际使用，在相关公众中才能使该商标与特定商品或服务产生联系，从而起到区分来源的功能。

商标连续三年不使用撤销制度的设立，是为了鼓励和促使注册商标权人使用商标，避免商标资源的闲置、浪费。

三、商标权的无效

（一）无效宣告的理由

1. 宣告注册商标无效的绝对事由

绝对事由包括违反以下条款规定：

（1）不以使用为目的的恶意商标注册申请，应当予以驳回。

（2）《商标法》中明确禁止作为商标使用的标志。

（3）以三维标志申请注册商标的，仅由商品自身的性质产生的形状、为获得技术效果而需有的商品形状或者使商品具有实质性价值的形状，不得注册。

（4）商标代理机构除对其代理服务申请商标注册外，不得申请注册其他商标。

（5）以欺骗手段或者其他不正当手段取得注册的。

注册商标符合无效宣告绝对事由的，由国家知识产权局商标局宣告该注册商标无效；其他单位或者个人可以请求国家知识产权局商标局宣告该注册商标无效。

2. 宣告注册商标无效的相对事由

相对事由包括违反以下条款规定：

（1）就相同或者类似商品申请注册的商标是复制、摹仿或者翻译他人未在中国注册的驰名商标，容易导致混淆的，不予注册并禁止使用。

就不相同或者不相类似商品申请注册的商标是复制、摹仿或者翻译他人已经在中国注册的驰名商标，误导公众，致使该驰名商标注册人的利益可能受到损害的，不予注册并禁止使用。

（2）未经授权，代理人或者代表人以自己的名义将被代理人或者被代表人的商标进行注册，被代理人或者被代表人提出异议的，不予注册并禁止使用。

（3）商标中有商品的地理标志，而该商品并非来源于该标志所标示的地区，误导公众的，不予注册并禁止使用。

（4）申请注册的商标，凡不符合《商标法》有关规定或者同他人在同一种商品或者类似商品上已经注册的或者初步审定的商标相同或者近似的，由国家知识产权局商标局驳回申请，不予公告。

（5）两个或者两个以上的商标注册申请人，在同一种商品或者类似商品上，以相同或者近似的商标申请注册的，初步审定并公告申请在先的商标；同一天申请的，初步审定并公告使用在先的商标，驳回其他人的申请，不予公告。

（6）申请商标注册不得损害他人现有的在先权利，也不得以不正当手段抢先注册他人已经使用并有一定影响的商标。

注册商标符合无效宣告相对事由的，主要是损害他人现有的在先权利，涉及民事权益的争议。虽然未赋予国家知识产权局商标局直接宣告上述注册商标无效的职权，但是规定在先权利人或者利害关系人可以自商标注册之日起五年内，向国家知识产权局商标局请求宣告该注册商标无效。对恶意注册驰名商标的，驰名商标所有人还可以无限期追究，不受五年时间的限制。

（二）无效宣告的程序

1. 对于注册商标符合宣告无效绝对事由的程序

（1）国家知识产权局商标局直接作出无效宣告

国家知识产权局商标局作出宣告注册商标无效的决定，并书面通知当事人；当事人对其决定不服的，可以自收到通知之日起十五日内向国家知识产权局商标局申请复审；国家知识产权局商标局应当自收到申请之日起九个月内作出决定，并书面通知当事人，有特殊情况需要延长的，经批准可以延长三个月；当事人对国家知识产权局商标局的决定不服的，可以自收到通知之日起三十日内向人民法院起诉。

（2）其他单位或者个人向国家知识产权局商标局提出无效宣告请求

其他单位或者个人请求国家知识产权局商标局宣告注册商标无效，国家知识产权局商标局收到申请后，应当书面通知有关当事人，并限期提出答辩；国家知识产权局商标局应当自收到申请之日起九个月内作出维持注册商标或者宣告注册商标无效的裁定，并书面通知当事人，有特殊情况需要延长的，经批准可以延长三个月；当事人对国家知识产权局商标局的裁定不服的，可以自收到通知之日起三十日内向人民法院起诉。人民法院应当通知商标裁定程序的对方当事人作为第三人参加诉讼。

2. 对于注册商标符合宣告无效相对事由的程序

国家知识产权局商标局收到宣告注册商标无效的申请后，应当书面通知有关当事人，并限期提出答辩；国家知识产权局商标局应当自收到申请之日起十二个月内作出维持注册商标或者宣告注册商标无效的裁定，并书面通知当事人，有特殊情况需要延长的，经批准可以延长六个月；当事人对国家知识产权局商标局的裁定不服的，可以自收到通知之日起三十日内向人民法院起诉。人民法院应当通知商标裁定程序的对方当事人作为第三人参加诉讼。

【提醒/提示】

——需要弄清楚注册商标的注销、撤销和无效宣告的区别。

注册商标的注销，是商标权人放弃注册商标专用权，是商标权人自由处分自己私权的结果。但是商标撤销和无效宣告并不是商标权人可以自主决定的。

注册商标的撤销，是指国家知识产权局商标局对违反《商标法》及有关规定的注册商标使用行为作出决定或裁定，使原注册商标专用权归于消灭的程序。被撤销的注册商标，由国家知识产权局商标局予以公告，该注册商标专用权自公告之日起终止，即该注册商标专用权在撤销之前是有法律效力的。

注册商标的无效宣告，是指申请注册的商标虽然违反了《商标法》规定的注册条件，但因种种原因还是给予了注册，商标权的取得存在瑕疵导致注册不当，被国家知识产权局商标局宣告无效，商标权自始没有法律效力。

第四讲　商标使用与商标权的限制

一、商标的使用

商标只有通过不断使用才能显示出其价值，体现其权利存在的意义，否则，如果商标权人将其注册商标长期搁置不用，不仅商标权人自己得不到经济利益，而且还要承担商标存续所需的费用，在客观上也限制了他人注册使用与其相同或近似的商标的机会，这不利于社会经济的发展。

（一）使用目的及方法

商标使用的目的是识别商品来源，辨认产品来历，是商标最基本的功用。运用某一标志时，若仅仅是介绍、叙说本产品的通用称谓，或直接标明该产品的质量、主要原料、功能、用途、重量、数量、产地及其他特征，而不存在辨认产品来历功用的，就不属商标意义上的运用。

商标使用的方法是指将商标用于商品、商品包装或者容器以及商品交易文书上，或者将商标用于广告宣传、展览以及其他商业活动中。应当注意的是，商标的商业性使用是以商品交换为目的的使用，非商业目的的使用不属于《商标法》意义上的使用。

★ 商标的使用方法有哪些表现形式?

在使用方法上，包含但不限于商业活动中的以下表现形式：

(1) 将产品商标运用在产品、产品包装或容器上。包括产品、产品包装或容器上印有、铸有、挂有、刻有、烙有、织有、绘有商标等方式。

(2) 将商标运用在相关商品的交易文书上。包含商品的说明书、产品出售合同（合同意向书、合同正式文本）、出售发票、订货单、收据、收款凭证、进出口报关单据等。

(3) 将商标用于广告宣传中。包含在广播、电视、互联网、报刊等媒体上做广告宣传，在店堂广告、户外广告、邮递宣告张贴的印刷宣传品等广告中运用，在产品效能促销活动中运用，在标语、路牌等传统媒介上标注和宣传商标等。

(4) 将商标用于展览中。包含在展销货摊上运用，在参展证明上运用，在展览会上展现、供给、宣传载有商标的商品、包装标签、照片、宣传材料等。

(5) 将商标用于其他商业活动中。如通过赞助而在影视剧中出现其商标，通过赞助体育文化娱乐等活动而让大众知道其商标，举办招待酒会、记者会等活动而现场展现其商标等。

（二）注册商标的使用

为了避免注册商标发生注销或者撤销，在注册商标的使用过程中，应该注意以下问题：

1. 清楚注册商标的有效期，及时办理续展。

【提醒/提示】

——期满未办理续展手续的，会注销其注册商标。

注册商标有效期满，需要继续使用的，商标注册人应当在期满前十二个月内按照规定办理续展手续，所谓期满前十二个月称为注册商标的续展期；在期满前十二个月内未能办理的，可以给予六个月的宽展期。

每次续展注册有效期为十年，自该商标上一届有效期满次日起计算。

★ 办理续展需要注意哪些事项?

(1) 申请续展的注册商标,不得改变注册商标的图样和扩大指定商品的范围。改变了的商标不属于续展商标,需要重新申请注册。

(2) 在宽展期间提出的续展申请,需要缴纳宽展费或迟延费。申请续展的时间最迟不超过注册商标有效期满后 6 个月。

(3) 续展注册经核准后,国家知识产权局商标局发给续展注册证明,并予以公告。注册商标不间断续展,可以保持注册商标永久有效。这是商标专用权和其他知识产权的不同之处。

2. 避免《商标法》规定的使用不当的情况以及注册商标淡化为商品的通用名称或者连续 3 年不使用注册商标情况的发生。

(三) 未注册商标的使用

在我国,除了法律法规规定的极少数的商品(如人用药品和烟草制品)以外,允许企业在商品上不使用商标或者使用未注册商标,同时对未注册商标尤其是具有一定影响力和知名度的未注册商标提供了一定程度上的法律保护。对于未注册商标的使用,应该注意以下问题:

1. 不得侵犯注册商标专用权

未经注册商标所有人的许可,在同一种或者类似商品上使用与其注册商标相同或者近似的商标,属于侵犯注册商标专用权的行为,市场监督管理部门有权制止,并进行处罚。

2. 不得违背《商标法》规定的禁用条款

将未注册商标冒充注册商标使用的,或者使用未注册商标违反《商标法》规定的商标“禁用条款”的,由地方市场监督管理部门予以制止,限期改正,并可以予以通报或者处以罚款。

3. 不得冒充注册商标

未注册商标不得标注“注册商标”字样或者注册标记,不得在广告、商品说明书中自称是注册商标。把未注册商标妄称注册商标,或者作为注册商标使用的行为,属于冒充注册商标的行为。

【提醒/提示】

——要弄清楚冒充注册商标与假冒注册商标的不同。

(1) 假冒注册商标，指的是自己没有商标注册申请，直接冒用他人已经注册了的商标。假冒注册商标，属于恶意侵犯他人注册商标的行为。

(2) 冒充注册商标，一般存在三种情况：一是已经开始商标注册申请，但还没有获得批准使用，就标注®开始使用该商标；二是该注册商标只允许在A商品上使用，却在B商品上也使用；三是根本没有开始注册该商标，就擅自使用。冒充注册商标属于一种欺瞒消费者的违法行为，虽然未对他人注册商标造成影响，但也是轻视法律的严重违法行为。

二、商标权的限制

商标专用权是商标权人享有的专有权利，其他人未经许可不得擅自使用。同时，出于利益平衡的考虑，综合考虑商标权人和其他经营者公共利益的前提下，允许其他经营者在生产、经营活动中善意、正当地使用与注册商标相同或近似的标识。这种使用不构成对商标权的侵犯，主要包括：

1. 注册商标中一些通用名称及其他描述性文字的他人使用

根据《商标法》规定，注册商标中含有的本商品的通用名称、图形、型号，或者直接表示商品的质量、主要原料、功能、用途、重量、数量及其他特点，或者含有的地名，注册商标专用权人无权禁止他人正当使用。

2. 三维标志注册商标中形状的他人使用

三维标志注册商标中含有的商品自身的性质产生的形状、为获得技术效果而需有的商品形状或者使商品具有实质性价值的形状，注册商标专用权人无权禁止他人正当使用。

3. 注册商标相同或近似商标的他人在先使用

商标注册人申请商标注册前，他人已经在同一种商品或者类似商品上先于商标注册人使用与注册商标相同或者近似并有一定影响的商标的，注册商标专用权人无权禁止该使用人在原使用范围内继续使用该商标，但可以要求其附加适当的区别标识。

第五讲　商标权的许可、转让、质押

一、商标权的许可

商标注册人可以通过签订商标使用许可合同，许可他人使用其注册商标。许可人和被许可人共同推动商品生产经营者之间横向联合，发挥竞争优势，占有广大市场，满足更大范围的消费者的需求，提高企业和全社会的经济效益。

（一）商标权许可的类型

1. 独占使用许可

独占使用许可，是指商标注册人在约定的期间、地域和以约定的方式，将该注册商标专用权仅许可一个被许可人使用；商标注册人依约定亦不得使用该注册商标。

独占使用许可的被许可人仅仅没有对该注册商标享有所有权，商标的所有权仍然归商标注册人所有，但是，商标的使用权和收益的权利完全由被许可人所独占，商标注册人非但不得再许可其他人使用，就连自己亦不得使用。

2. 排他使用许可

排他使用许可，是指商标注册人在约定的期间、地域和以约定的方式，将该注册商标仅许可一个被许可人使用；商标注册人依约定可以使用该注册商标，但不得另行许可他人使用该注册商标。

排他使用许可和独占使用许可有所不同的是，该注册商标可以由被许可人和商标注册人共同使用，但排除第三方使用。依据约定，商标注册人仅许可一个被许可人使用，不得再许可其他任何人使用。

3. 普通使用许可

普通使用许可，是指商标注册人在约定的期间、地域和以约定的方式，许可他人使用其注册商标，并可自行使用该注册商标和许可他人使用其注册商标。

普通使用许可是当前普遍采用的使用许可方式。这种方式比较灵活，相对于独占使用许可和排他使用许可的方式来说，被许可人付出的费用较少，所取得的权利也相对较少。商标注册人还可以许可多家被许可人使用。

（二）商标使用许可合同的备案

《商标法》规定，许可他人使用其注册商标的，许可人应当将其商标使用许可报国家知识产权局商标局备案并公告。商标使用许可合同符合规定的，国家知识产权局商标局准予备案，并予公告；不符合规定的，许可人必须限期改正。

值得注意的是，商标使用许可合同未经备案的，不影响该许可合同的效力，但当事人另有约定的除外。在实践中，商标使用许可是大量存在的，但是，进行备案的仅仅是极少数。

国家知识产权局商标局在审查商标使用许可合同时，要求被许可对象必须符合商标注册申请人的条件。商标使用许可合同的商标和商品，不能超过该注册商标的专用权范围。

二、商标权的转让

注册商标转让的实质就是商标权主体的变更，是商标专用权人行使处分权的表现。一方面注册商标转让可以为商标权转让人带来经济回报；另一方面为受让人节省办理一件新商标所花费的时间、精力等成本。同时，注册商标转让多种事宜的办理带动了与转让相关的机构的发展，促进了注册商标转让的规范化，推进了商标权交易市场的发展。

（一）商标权转让的原则

商标权经转让后，商标权人发生变更，转让人即原商标权人丧失该注册商标专用权，受让人取得该注册商标专用权，成为新的商标权人。

由于商标的基本功能在于区别来源，因此商标与所标识的商品及商品的生产者关系密切。我国允许商标权的单独转让，即注册商标所有人有权连同或不连同商标所属的经营一道转让其商标。

（二）商标权转让的方式

注册商标转让有两种形式：一种是通过合同转让；另一种是商标专用权人死亡、企业倒闭或破产引起的商标权的转移。

商标权的合同转让是指注册商标所有人在法律允许的范围内，通过合同将其注册商标转移给他人所有。

商标权的转移范围大于商标权的转让，商标权的转让只是商标权转移的一种形式，除转让外，商标权还可能因继承等原因发生转移。因此，商标权的转让是基于双方当事人自由协商的基础上，对商标注册人来说，是商标权的主动转移；而除转让外，商标权的其他转移一般是因为某种事由的发生而导致商标权发生转移。

★ 商标权转让合同主要包括哪些内容？

（1）被转让商标的图样、商标注册号、商标的有效期；

（2）转让费的计算与交付；

（3）有无必须一并转让的商标，根据《商标法实施条例》的规定，转让注册商标的，商标注册人对其在同一种或者类似商品上注册的相同或者近似的商标，应当一并转让；

（4）受让人应当保证使用该注册商标的商品质量；

（5）违约责任承担与争议解决等内容。

（三）商标转让的程序

与注册商标许可不同，注册商标转让必须要向国家知识产权局商标局提出申请并经过核准公告，经其核准的商标权转让才能生效。

商标转让办理途径：申请人可以委托国家知识产权局商标局认可的具有商标代理资格的组织代理，也可以到国家知识产权局商标局商标注册大厅直接办理。

商标转让流程：转让人和受让人签订转让协议；转让人与受让人共同向国家知识产权局商标局提交转让注册商标申请相关文件材料；国家知识产权局商标局收到注册商标转让申请后受理、审查，审查通过后国家知识产权局商标局核准该转让注册商标申请，发给受让人相应证明，并予以公告；受让人自公告之日起享有商标专用权，成为新的商标权人。

三、商标权的质押

商标权的质押属于权利质押的一种，世界各国或地区的商标法几乎均承认商标可以作为质押的标的。我国《商标法》并没有对商标权质押作出规定，商标权质押的法律依据是《中华人民共和国民法典》（以下简称《民法典》）相关规定。《民法典》规定，以依法可以转让的商标专用权中的财产权出质的，出质人与质权人应当订立书面合同，质权自有关主管部门办理出质登记时设立。

为了规范商标专用权质押登记，国家市场监督管理局专门公布了《商标专用权质押登记程序》，对商标专用权质押的登记机关、登记申请人、登记提交文件、质押合同内容等作了详细规定。

★ 商标评估的程序有哪些？

无论是商标权的许可、转让还是质押，总会涉及合同价格，即许可费或转让费的计算问题，这取决于该注册商标的价值大小。财产权的价值依靠评估，而商标权作为一种无形财产，其评估不同于有形财产的评估。

商标评估程序包括：

（1）明确评估目的。基于商标权的许可、转让和质押等不同评估目的，评估价值也不一样，一般来说商标权转让的评估值高于许可的评估值。

（2）向委托方搜集有关资料。包括委托方概况、经营业绩、商标概况，商标产品的历史、现状与展望，商标的广告宣传等情况，委托方的未来经营规划、未来财务数据预测，相关产业政策、财税政策等宏观经济政策的影响。

（3）市场调研和分析。主要涉及产品市场需求量、商标现状和前景、商标产品在客户中的信誉、竞争情况、商标产品市场占有率、市场环境变化的风险分析等方面。

（4）确定评估方法。评估方法一般包括重置成本法、收益现值法、市场比较法等。

（5）完成评估报告。进行评估报告书的编制，并且通过评估机构内部审核检验评估报告书；最后评估机构将审定后正式的商标价值评估报告书、专家鉴定证书送交被评企业。

第六讲　商标权的保护

一、侵权的行为

商标注册人取得商标专用权后，即可依此禁止他人未经许可对其商标进行商业性使用。因此，擅自以经营目的使用他人注册商标就会构成商标侵权行为。

（一）侵权行为的概念

是指行为人未经商标权人许可，在相同或类似商品上使用与其注册商标相同或近似的商标，或者其他干涉、妨碍商标权人使用其注册商标，损害商标权人合法权益的其他行为。比如利用其商标声誉，误导消费者，占有他人商标市场，造成消费者的混淆误认，给他人造成损害的行为。

（二）侵权行为的法律规定

有下列行为之一的，均属侵犯注册商标专用权：

1. 未经商标注册人的许可，在同一种商品上使用与其注册商标相同的商标的。

2. 未经商标注册人的许可，在同一种商品上使用与其注册商标近似的商标，或者在类似商品上使用与其注册商标相同或者近似的商标，容易导致混淆的；或者在同一种商品或者类似商品上将与他人注册商标相同或者近似的标志作为商品名称或者商品装潢使用，误导公众的。

3. 销售侵犯注册商标专用权的商品的。

4. 伪造、擅自制造他人注册商标标识或者销售伪造、擅自制造的注册商标标识的。

5. 未经商标注册人同意，更换其注册商标并将该更换商标的商品又投入市场的。

6. 故意为侵犯他人商标专用权行为提供便利条件，帮助他人实施侵犯商标专用权行为的。所谓的提供便利条件，是指为侵犯他人商标专用权提供仓储、运输、邮寄、印制、隐匿、经营场所、网络商品交易平台等。

7. 给他人的注册商标专用权造成其他损害的，包括：

（1）将与他人注册商标相同或者相近似的文字作为企业的字号在相同或者类似商品上突出使用或者作为域名注册使用，容易使相关公众产生误认的；

（2）复制、模仿、翻译他人注册的驰名商标或其主要部分在不相同或者不相类似商品上作为商标使用，误导公众，致使该驰名商标注册人的利益可能受到损害的。

二、救济途径

《商标法》规定，侵犯注册商标专用权行为引起纠纷的，由当事人协商解决；不愿协商或者协商不成的，商标注册人或者利害关系人可以选择行政途径解决即请求市场监督管理部门处理，也可以选择司法途径解决即向人民法院起诉。

（一）行政救济

1. 对于注册商标专用权侵权行为，以下三方均可以采取措施：

（1）被侵权人可以向市场监督管理部门请求查处侵权行为；

（2）市场监督管理部门有权依法主动查处；

（3）其他任何人可以向市场监督管理部门投诉或者举报。

2. 市场监督管理部门对于侵权行为的检查手段，包括：

（1）询问有关当事人，调查与侵犯他人注册商标专用权有关的情况；

（2）查阅、复制当事人与侵权活动有关的合同、发票、账簿以及其他有关资料；

（3）对当事人涉嫌从事侵犯他人注册商标专用权活动的场所实施现场检查；

（4）检查与侵权活动有关的物品，对有证据证明是侵犯他人注册商标专用权的物品，可以查封或者扣押。

3. 市场监督管理部门对于侵权行为的处罚手段，包括：

（1）市场监督管理部门处理时，认定侵权行为成立的，责令立即停止侵权行为；

（2）没收、销毁侵权商品和主要用于制造侵权商品、伪造注册商标标识的工具；

（3）违法经营额五万元以上的，可以处违法经营额五倍以下的罚款，没有违法经营额或者违法经营额不足五万元的，可以处二十五万元以下的罚款；

（4）对五年内实施两次以上商标侵权行为或者有其他严重情节的，应当从重处罚。

需要注意的是，销售不知道是侵犯注册商标专用权的商品，能证明该商品是自己合法取得并说明提供者的，由市场监督管理部门责令停止销售。

（二）司法救济

1. 对侵犯注册商标专用权行为引起的纠纷，当事人包括商标注册人或者利害关系人可以向人民法院起诉。

其中，利害关系人包括注册商标的被许可人，被许可人起诉包括三种情形：

（1）独占使用许可合同的被许可人可以向人民法院提起诉讼；

（2）排他使用许可合同的被许可人可以和商标注册人共同起诉，也可以在商标注册人不起诉的情况下，自行提起诉讼；

（3）普通使用许可合同的被许可人经商标注册人明确授权，可以提起诉讼。

【提醒/提示】

——要弄清楚应当向哪个法院起诉。

（1）侵权行为的实施地人民法院；

（2）侵权商品的储藏地或者查封扣押地人民法院；

（3）被告住所地人民法院；

（4）对涉及不同侵权行为实施地的多个被告提起的共同诉讼，原告可以选择其中一个被告的侵权行为实施地人民法院管辖。

在向法院起诉之前，为了避免人民法院判决证据消失或者自身权益难以弥补等情况发生，可以采取一些临时措施，包括：

（1）诉前责令停止有关行为；

（2）财产保全；

（3）证据保全等。

2. 人民法院、市场监督管理部门对于侵权行为的处罚手段，包括：

（1）民事处罚，包括对被侵权人的赔偿；

（2）行政处罚，即市场监督管理部门对于侵权行为的处罚手段；

（3）刑事处罚，侵犯注册商标专用权行为情节严重，危害很大，例如：

未经商标注册人许可，在同一种商品上使用与其注册商标相同的商标，构成犯罪的，除赔偿被侵权人的损失外，依法追究刑事责任；

伪造、擅自制造他人注册商标标识或者销售伪造、擅自制造的注册商标标识，构成犯罪的，除赔偿被侵权人的损失外，依法追究刑事责任；

销售明知是假冒注册商标的商品，构成犯罪的，除赔偿被侵权人的损失外，依法追究刑事责任。

【提醒/提示】

——民事处罚中对于被侵权人的赔偿数额的确定。

（1）侵犯商标专用权的赔偿数额，按照权利人因被侵权所受到的实际损失确定。

（2）实际损失难以确定的，可以按照侵权人因侵权所获得的利益确定。

（3）权利人的损失或者侵权人获得的利益难以确定的，参照该商标许可使用费的倍数合理确定。

（4）对恶意侵犯商标专用权，情节严重的，可以按照上述方法确定数额的一倍以上五倍以下确定赔偿数额。

（5）赔偿数额应当包括权利人为制止侵权行为所支付的合理开支。

（6）权利人因被侵权所受到的实际损失、侵权人因侵权所获得的利益、注册商标许可使用费难以确定的，由人民法院根据侵权行为的情节判决给予五百万元以下的赔偿。

第七讲　驰名商标的特殊保护

品牌经济时代，企业都致力于打造自己的驰名商标。驰名商标具有较高的知名度，良好的商品信誉，对相关消费者的影响力大。因此，给予驰名商标不同于普通商标的特殊保护，不仅是对驰名商标权人合法利益的保护，更是对消费者权益的保护和公平竞争秩序的维护。

知识卡片

驰名商标通常是指那些在市场上享有较高声誉、为相关公众所熟知，并且具有较强竞争力的商标。商标驰名是由于商标在实际使用过程中由于不断积累良好的声誉，最终为相关公众广为知晓，形成驰名状态。

根据《商标法》的规定，我国的驰名商标分为两类：未在中国注册的驰名商标和已经在中国注册的驰名商标。法律对两者在保护程度上稍有不同。

一、驰名商标的特征

驰名商标的基本属性是商标，故其具有商标的显著性和识别性的一般特征，但其又不同于普通商标。驰名商标具有以下几点特征：

1. 须经本国法定机关认定

经本国法定机关认定后的驰名商标才具有法律效力。目前绝大多数国家采取司法认定，而我国则采取司法认定与行政主管机关认定的“双轨制”的方式。

2. 既可以是注册商标，也可以是未注册商标

根据《商标法》的规定，我国的驰名商标分为两类：未在中国注册的驰名商标和已经在中国注册的驰名商标。商标的驰名与注册与否没有直接关系，注册与否只能决定能否取得注册商标专用权，但注册驰名商标毕竟经过注册这道程序，与未注册驰名商标相比，在特殊保护方面存在绝对优势。

3. 商标使用时间较长

目前世界上的国际驰名商标中，绝大多数是经过多年实践培育起来的，只有少数驰名商标使用时间较短，且多是通过连锁经营或高科技手段不断做大的。关于认定驰名商标的使用年限，有些国家通过法律明文规定，美国的商标法规定，“使用时间超过 7 年的商标，才有可能入围参与驰名商标的评选”。我国《驰名商标认定和保护规定》中规定，一个驰名商标的产生至少需要 3～5 年的时间。

4. 必须是为相关公众所熟知的商标

驰名商标应是被广大消费者所普遍知晓的商标，或者是在公众中享有较高知名度的商标。人们在日常生活中接触到驰名商标，便会将该商标与其所示的优质商品、服务和商号自然联系到一起。

二、驰名商标的认定

由于商标事实上的驰名容易引得其他人仿冒，导致驰名商标拥有人认为自己的权益受到侵犯，或商标拥有人和他人发生商标争议，所以要对商标驰名进行认定，以获得法律的特殊保护，阻止他人的侵权行为。

商标的驰名是一种客观存在，相关机关的认定只是对这一客观事实的判断和确认。所以，驰名商标形成的时间不是以认定的时间计算，而应以该商标在市场上实际驰名时为准。

驰名商标的认定十分复杂，目前世界各国立法只是对驰名商标的认定标准作出原则性规定，没有作出具体认定标准的规定。在实际操作中，各国根据实际情况，由本国商标认定机构依据法律规定对驰名商标予以认定。

（一）认定标准

根据驰名商标的字面含义，在其认定标准上，商标为许多人知晓是其基本要求，在达到较高知名度的基础上，还有如下要求：

1. 地域范围

关于认定驰名商标的地域范围，主要存在两个问题：一是认定时该商标是否必须在本国真实使用过；二是认定时该商标驰名的地域范围是全国范围还是部分范围。

2. 相关公众

关于相关公众的划分和判定，我国《驰名商标认定和保护规定》中的定义为：“包括与使用商标所标示的某类商品或者服务有关的消费者，生产前述商品或者提供服务的其他经营者以及经销渠道中所涉及的销售者和相关人员等。”

（二）认定方法

1. 从认定机构分类

各国驰名商标的认定方式各有不同。

一是消费者认定。这种认定方式由于其非官方性及认定难度较高，所以很少有国家采用。

二是司法认定（即法院认定）。西方大多数国家采用此方法。

三是行政机关认定。即由商标注册国或使用国主管机关认定。

我国采取行政认定与司法认定并用的“双轨制”认定方式。

2. 从认定时间分类

(1) 针对正在国家知识产权局商标局注册的商标

驰名商标拥有人认为他人经初步审定并公告的商标侵害了自己权益的，可以依据《商标法》及其实施条例的规定向国家知识产权局商标局提出异议，并提交证明其商标驰名的有关材料。

国家知识产权局商标局根据当事人提交的证明其商标驰名的有关材料，认定商标是否为驰名商标。当事人不服国家知识产权局商标局的裁决，可以提出复审，不服国家知识产权局商标局复审结果，就要通过行政诉讼来解决。

(2) 针对已在国家知识产权局商标局注册的商标

驰名商标拥有人认为他人已经注册的商标侵害了自己权益的，可以依据《商标法》及其实施条例的规定向国家知识产权局商标局请求裁定撤销该注册商标，并提交证明其商标驰名的有关材料。国家知识产权局商标局根据当事人提交的证明其商标驰名的有关材料认定商标是否为驰名商标。当事人不服国家知识产权局商标局的裁决，可以提起行政诉讼。

(3) 针对未在国家知识产权局商标局注册的商标

驰名商标拥有人认为他人使用的商标侵害了自己的权益，请求保护其驰名商标的，可以向案件发生地的市场监督管理部门提出禁止使用的书面请求，并提交证明其商标驰名的有关材料。

★ 驰名商标认定后有何效力？

通过行政途径认定的中国驰名商标，是经过国家知识产权局商标局认定的，因而在全国市场监督管理系统具有很强的权威性，全国各级市场监督管理部门都会按有关驰名商标的特殊保护要求来加强保护。

通过法院个案而认定的驰名商标，由于只是由审理该案的某个具体法院（中级或高级法院）进行认定的，因此，该认定在法院系统或认定法院当地的市场监督管理局会具有较高的权威性。

三、驰名商标的保护范围

商标法对普通注册商标的保护范围是禁止他人在相同或类似的商品上注册或使用与注册商标相同或近似的商标。由于驰名商标的特殊性，法律给予了其比普通商标更高程度的特殊保护。

（一）禁止他人注册并使用

1. 已注册的驰名商标享有跨类禁用权

《商标法》规定，就不相同或者不相类似商品申请注册的商标是复制、模仿或者翻译他人已经在中国注册的驰名商标，误导公众，致使该驰名商标注册人的利益可能受到损害的，不予注册并禁止使用。

2. 未注册的驰名商标亦有权禁止他人注册或使用，但仅仅限于同种或者类似的商品

《商标法》规定，就相同或类似商品申请注册的商标是复制、模仿或者翻译他人未在中国注册的驰名商标，容易导致混淆的，不予注册并禁止使用。

（二）宣告无效他人恶意抢注的商标，不受时间限制

对于符合注册商标宣告无效相对理由的，自商标注册之日起五年内，在先权利人或者利害关系人可以请求国家知识产权局商标局宣告该注册商标无效。对恶意注册的，驰名商标所有人不受五年的时间限制。

（三）对抗他人企业名称登记

《商标法》规定，将他人注册商标、未注册的驰名商标作为企业名称中的字号使用，误导公众，构成不正当竞争行为的，依照《中华人民共和国反不正当竞争法》（以下简称《反不正当竞争法》）处理。

商标与商号权利冲突，由来已久。对于普通商标与企业名称之间的冲突，一般遵循保护在先权利原则，要看该商标注册在先还是该企业名称登记在先。但是，当涉及驰名商标时，情况则有所不同。

自驰名商标认定之日起，他人将与该驰名商标相同或近似的文字作为企业名称使用，且可能欺骗公众或者对公众造成误解的，市场监督管理部门不予登记；已经登记的，驰名商标注册人可以请求予以撤销。

（四）对抗他人的域名注册

如果某一驰名商标被他人抢注了域名，那么实际上在网上通过该域名链接进入的网站就会与该驰名商标所属的经营无关，从而误导公众。

人民法院审理域名纠纷案件时，如果发现被告域名或其主要部分构成对原告驰名商标的复制、模仿、翻译或音译，应当认定被告注册、使用域名等行为构成侵权或者不正当竞争；被告为商业目的将他人驰名商标注册为域名的，人民法院应当认定其具有恶意。如果人民法院认定域名注册、使用等行为构成侵权或者不正当竞争的，可以判令被告停止侵权、注销域名，或者依原告的请求判令由原告注册使用该域名；给权利人造成实际损害的，可以判令被告赔偿损失。

第三单元

著作权

第一讲　基本概念

一、著作权

著作权亦称版权。版权（copyright）最初的含义是复制权。这是因为过去印刷术不普及，当时社会认为依附于著作物最重要的权利莫过于印刷出版的权利，故有此称呼。

著作权有狭义与广义之分：

1. 狭义的著作权

是指作品创作者的权利，是作品创作者依法对其所创作的文学、艺术和科学作品所享有的民事权利。

2. 广义的著作权

是指作品创作者依法对其所创作的文学、艺术和科学作品所享有的民事权利，以及作品传播者对在作品传播过程中产生的劳动成果依法享有的专有权利。

★ 著作权的保护期限是多久？

法律对著作权的保护并不是无限期的。

公民的作品，其发表权和使用权的保护期分别为作者终生及其死后50年，截止于作者死亡之后第50年的12月31日；如果是合作作者，截止于最后死亡的作者死亡后第50年的12月31日。

作者生前未发表的作品，如果作者未明确表示不发表，作者死亡后50年内，其发表权可由继承人或者受遗赠人行使；没有继承人又无人受遗赠的，由作品原件的所有人行使。

二、邻接权

邻接权的原意是与著作权相邻的权利，其确切含义应是指作品传播者对在传播作品过程中产生的劳动成果依法享有的专有权利，又称为作品传播者权或与著作权有关的权益。

广义的著作权可以包括邻接权。狭义的著作权与邻接权的关系极为密切。没有作品，就谈不上作品的传播，因而邻接权以著作权为基础；对著作权合理使用的限制，同样适用于对邻接权的限制；邻接权的保护期也为50年。

在《中华人民共和国著作权法》（以下简称《著作权法》）中，邻接权主要包括：（1）出版者权；（2）表演者权；（3）录制者权；（4）广播电视组织权。

知识卡片

著作权法是调整文学、艺术和科学作品在创作、利用、交换、传播中发生的社会关系的法律规范的总称。著作权法的内容一般包括：著作权人及其权利、著作权归属、著作权利的保护期、著作权利的限制、著作权许可使用和转让合同、图书及报刊的出版、表演、录音录像、广播电台和电视台播放、法律责任和执法措施等。

三、著作权人

1. 一般作品的著作权人

包括：（1）作者；（2）其他依法享有著作权的自然人、法人和其他组织；（3）著作权集体管理组织。

2. 特殊作品的著作权人

包括：（1）演绎作品的著作权人；（2）合作作品的著作权人；（3）汇编作品的著作权人；（4）影视作品的著作权人；（5）职务作品的著作权人；（6）委托作品的著作权人。

四、受著作权保护的作品

著作权保护的对象，即著作权的客体，是指文学、艺术和科学领域内具有独创性并能以某种有形形式复制的作品。

包括：(1) 文字作品；(2) 口述作品；(3) 音乐、戏剧、曲艺、舞蹈、杂技艺术作品；(4) 美术、建筑作品；(5) 摄影作品；(6) 电影作品和以类似摄制电影的方法创作的作品；(7) 工程设计图、产品设计图、地图、示意图等图形作品和模型作品；(8) 计算机软件；(9) 民间文学艺术作品；(10) 法律、行政法规规定的其他作品。

知识卡片

网络著作权，又称信息网络传播权，是《著作权法》为应对网络上使用作品的情形，为著作权人新增设的权利。

侵犯网络著作权的行为包括：擅自将他人的作品上载、下载、转载到互联网上进行任何形式的使用，或者在互联网上侵犯其署名权。

第二讲　著作权的内容

著作权的内容是指著作权人根据法律的规定对其创作的智力成果具体享有的权利。目前大多数国家将著作权分为著作人身权（也称“精神权利”）和著作财产权（也称“经济权利”）两个部分。

（一）著作人身权

作者的著作人身权包括：

1. 发表权

即决定作品是否公之于众的权利。包括作者决定作品是否公开的权利，以及何时、何地、何人以何种方式公开的权利。

2. 署名权

即表明作者身份，在作品上署名的权利。署名权包括在作品上表明身份的权利，以及署笔名、假名甚至不署名的权利。

3. 修改权

即修改或者授权他人修改作品的权利。但是这种修改是以不改变作品主体部分为限的。

4. 保护作品完整权

即保护作品不受歪曲、篡改的权利。

修改权和保护作品完整权基本上是一种权利的两个方面。

（二）著作财产权

著作财产权是指著作权人通过各种方式利用其作品而因此获得经济利益的权利。具体包括：

1. 复制权

即以印刷、复印、拓印、录音、录像、翻录、翻拍等方式将作品制作一份或多份的权利。

2. 发行权

即以出售或者赠予方式向公众提供作品的原件或者复制件的权利。

3. 出租权

即有偿许可他人临时使用电影作品和以类似摄制电影的方法创作的作品、计算机软件的权利。

4. 展览权

即公开陈列美术作品、摄影作品的原件或者复制件的权利。

5. 表演权

即公开表演作品，以及用各种手段公开播送作品的表演的权利。

6. **放映权**

即通过放映机、幻灯机等技术设备公开再现美术、摄影、电影和以类似摄制电影的方法创作的作品的权利。

7. **广播权**

即以无线方式公开广播或者传播作品，以有线传播或者转播的方式向公众传播广播的作品，以及通过扩音器或者其他传送符号、声音、图像的类似工具向公众传播广播的作品的权利。

8. **信息网络传播权**

即以有线或者无线的方式向公众提供作品，使公众可以在其个人选定的时间和地点获得作品的权利。

9. **摄制权**

即以摄制电影或者类似摄制电影的方法将作品固定在载体上的权利。

10. **改编权**

即通过改编作品，创作出具有独创性的新作品的权利。

11. **翻译权**

即将作品从一种语言文字转换成另一种语言文字的权利。

12. **汇编权**

即将作品或作品的片段通过选择或者编排，汇集成新作品的权利。

第三讲　著作权的归属

著作权的归属是指著作权在产生时的权利归属状态，就是著作权归谁所有。著作权归属的一般原则是属于作者所有。作者不仅包括自然人，而且包括法人或其他组织。

1. **演绎作品著作权的归属**

演绎作品是指在原有作品的基础上经改编、翻译、注释、整理等形成的新作品。

改编、翻译、注释、整理这四种演绎作品的著作权由改编、翻译、注释、整理人所有。

2. 合作作品著作权的归属

合作作品就是由两个或两个以上的人合作创作的作品。合作作品可以分割使用的，作者对各自创作的部分可以单独享有著作权，但行使著作权时不得侵犯合作作品整体的著作权；电影作品和以类似电影的方法创作的作品中的剧本、音乐等可以单独使用的作品的作者有权单独行使其著作权。

3. 汇编作品著作权的归属

汇编作品是将现有的若干作品、作品的片段或者不构成作品的数据、材料按照一定的构思进行选择和编排，形成具有独创性的作品。汇编作品的著作权属于汇编人所有，但汇编人行使著作权时不得侵犯原作品的著作权。

4. 职务作品著作权的归属

公民为完成法人或者其他组织的工作任务而创作的作品是职务作品，职务作品的著作权由作者享有，但单位有权在其业务范围内优先使用。

【提醒/提示】

——职务作品的著作权人在行使著作权时有时间限制。

《著作权法》第十六条规定："作品完成两年内，未经单位同意，作者不得许可第三人以与单位使用的相同方式使用该作品。"

比如，电影制片厂的编剧的职务作品被单位摄制成了电影，这个编剧在作品完成后的两年内就不能许可其他电影公司再以该剧本摄制电影。

5. 委托作品著作权的归属

委托作品即受托人根据委托人的要求与其签订委托合同，委托人支付价款或报酬，受托人在约定期间内创作完成的作品。

受委托创作的作品，著作权的归属由委托人和受托人通过合同约定。合同未作明确约定或者没有订立合同的，著作权属于受托人。

第四讲　著作权的限制

著作权同其他民事权利一样，其权利的行使并不是绝对和无限制的。著作权人在对其作品享有充分权利的同时，在作品利用方面也必须对社会履行一定的义务。

（一）允许合理使用

作品的合理使用就是作品使用方式中特殊的免费使用，就是在法律规定的范围内，无须取得著作权人的许可，也无须向其支付报酬而使用其作品的行为。《著作权法》规定了 12 种合理使用的情形：

（1）为个人学习、研究或者欣赏，使用他人已经发表的作品。

（2）为介绍、评论某一作品或者说明某一问题，在作品中适当引用他人已经发表的作品。

（3）为报道时事新闻，在报纸、期刊、广播电台、电视台等媒体中不可避免地再现或者引用已经发表的作品。

（4）报纸、期刊、广播电台、电视台等媒体刊登或者播放其他报纸、期刊、广播电台、电视台等媒体已经发表的关于政治、经济、宗教问题的时事性文章，但作者声明不许刊登、播放的除外。

（5）报纸、期刊、广播电台、电视台等媒体刊登或者播放在公众集会上发表的讲话，但作者声明不许刊登、播放的除外。

（6）学校课堂教学或者科学研究，翻译或者少量复制已经发表的作品，供教学或者科研人员使用，但不得出版发行。

（7）国家机关为执行公务在合理范围内使用已经发表的作品。

（8）图书馆、档案馆、纪念馆、博物馆、美术馆等为陈列或者保存版本的需要，复制本馆收藏的作品。

（9）免费表演已经发表的作品，该表演未向公众收取费用，也未向表演者支付报酬。

(10) 对设置或者陈列在室外公共场所的艺术作品进行临摹、绘画、摄影、录像。

(11) 将中国公民、法人或者其他组织已经发表的以汉语言文字创作的作品翻译成少数民族语言文字作品在国内出版发行。

(12) 将已经发表的作品改成盲文出版。

(二) 非自愿许可

非自愿许可又称“法定许可”，是指通过法律的明确规定，使用人可以不经著作权人的许可使用其作品，但要支付报酬。

《著作权法》规定了4种法定许可情形：

(1) 教科书法定许可。

(2) 报纸、期刊或网站转载、摘编法定许可。

(3) 制作录音制品的法定许可。

(4) 广播电台、电视台播放已发表作品的法定许可。

第五讲 著作权的保护

侵犯著作权的行为，是指违反法律规定，未经著作权人的许可，擅自利用有著作权的作品或以其他手段行使著作权人专有权利的行为。

《著作权法》调整的侵权行为除侵犯著作权的行为外，还包括侵犯与著作权有关权益的行为。

(一) 法律责任

根据《著作权法》的规定，侵犯著作权的行为包括19种情形。

违反第五十二条规定的行为，应当根据情况，承担停止侵害、消除影响、赔礼道歉、赔偿损失等民事责任。

违反第五十三条行为的除了要承担民事责任外，若同时损害公共利益的，可以由行政管理部门责令停止侵权行为，没收违法所得，没收、销毁侵权复制品，并可处以罚款；情节严重的，著作权行政管理部门还可以没收用于制作或复制的材料、工具、设备等；构成犯罪的，依法追究刑事责任。

（二）解决途径

著作权及相关权益受到侵犯时，解决途径如下：

1. 调解

著作权纠纷的调解工作，可以由著作权行政管理部门和其他部门主持进行。调解不是解决著作权纠纷的法定必经程序。调解协议也不具有法律上的强制力，不能予以强制执行。

2. 仲裁

著作权仲裁是指各著作权人就他们之间发生著作权合同纠纷时，根据他们达成的仲裁条款请求仲裁委员会给予解决，从而解决著作权的纠纷。

3. 诉讼

著作权诉讼通常是由著作权人或邻接权的权利人或国家公诉人向法院对侵权人或相对人提起民事或刑事诉讼，以追究侵权人的民事或刑事责任。当事人对行政主管机关作出的行政处罚不服，可以向法院提起行政诉讼。

第六讲　计算机软件的著作权

一、归属原则

确定计算机软件著作权归属的一般原则是“谁开发，谁掌有”，即计算机软件著作权由软件开发者掌有。其归属大致分成如下几种情况：

1. 职务开发软件的归属

职务开发软件的著作权归单位所有。

2. 非职务开发软件的归属

公民所开发的软件不是执行本单位工作任务，并与其在单位承担的本职工作没有直接联系，而且也没有利用本单位的物质技术条件，其著作权归开发者本人所有。

3. 合作开发软件归属

由两个以上的自然人、法人或者其他组织合作开发的软件，其著作权的归属由合作开发者签订书面合同约定。无书面合同或者合同未作明确约定，合作开发的软件可以分割使用的，开发者对各自开发的部分可以单独享有著作权。合作开发的软件不能分割使用的，其著作权由各合作开发者共同享有。

4. 委托开发软件的归属

接受他人委托开发的软件，其著作权的归属由委托人与受托人签订书面合同约定；无书面合同或者合同未作明确约定的，其著作权由受托人享有。

二、登记程序

据国家版权局《计算机软件著作权登记办法》的规定，计算机软件登记的程序如下：

1. 登记机构

国家版权局主管全国软件著作权的登记管理工作。国家版权局认定中国版权保护中心为软件登记机构。

2. 软件登记申请人

申请人应当是该软件的著作权人以及通过继承、受让等而取得著作权的自然人、法人或其他组织。

3. 软件登记的要求

申请软件著作权登记的，应当向中国版权保护中心提交按要求填写的软件著作权登记申请表、软件的鉴别材料（包括源程序和文档）以及其他相关证明文件。

4. **软件登记的撤回、变更或补充**

申请人在登记申请批准之前可以随时撤回申请，还可以对已经登记的事项做变更或者补充。

★ 哪些属于计算机软件的保护范围?

根据《计算机软件保护条例》第六条规定，除计算机软件的程序和文档外，《著作权法》不保护计算机软件开发所使用的思想、处理过程、操作方法或者数学概念等。

三、法律保护

根据《计算机软件保护条例》第二十三条规定，除《著作权法》或者本条例另有规定外，有下列侵权行为的，应当根据情况，承担停止侵害、消除影响、赔礼道歉、赔偿损失等民事责任：

(1) 未经软件著作权人许可，发表或者登记其软件的；

(2) 将他人软件作为自己的软件发表或者登记的；

(3) 未经合作者许可，将与他人合作开发的软件作为自己单独完成的软件发表或者登记的；

(4) 在他人软件上署名或者更改他人软件上的署名的；

(5) 未经软件著作权人许可，修改、翻译其软件的；

(6) 其他侵犯软件著作权的行为。

根据《计算机软件保护条例》第二十四条规定，除《著作权法》、本条例或者其他法律、行政法规另有规定外，未经软件著作权人许可，有下列侵权行为的，应当根据情况，承担停止侵害、消除影响、赔礼道歉、赔偿损失等民事责任；同时损害社会公共利益的，由著作权行政管理部门责令停止侵权行为，没收违法所得，没收、销毁侵权复制品，可以并处罚款；情节严重的，著作权行政管理部门并可以没收主要用于制作侵权复制品的材料、工具、设备等；触犯刑律的，依照刑法关于侵犯著作权罪、销售侵权复制品罪的规定，依法追究刑事责任：

（1）复制或者部分复制著作权人的软件的；

（2）向公众发行、出租、通过信息网络传播著作权人的软件的；

（3）故意避开或者破坏著作权人为保护其软件著作权而采取的技术措施的；

（4）故意删除或者改变软件权利管理电子信息的；

（5）转让或者许可他人行使著作权人的软件著作权的。

第四单元

集成电路布图设计权

第一讲　基本概念

集成电路布图设计，是指集成电路中至少有一个是有源元件的两个以上元件和部分或者全部互联线路的三维配置，或者为制造集成电路而准备的上述三维配置。通俗地说，它就是确定用以制造集成电路的电子元件在一个传导材料中的几何图形排列和连接的布局设计。它是微电子技术的核心，是电子信息技术的基础，广泛应用于计算机、通信设备、家用电器等电子产品之上，具备集成性、整体性及工艺严格性。

集成电路在推向市场之前，需要经过多次的设计、制造、测试等环节，每一款集成电路均要付出辛苦的劳动，要以大量的人财物为基础。为了鼓励集成电路布图设计的创新，促进集成电路产业的发展，我国于 2001 年颁布了《集成电路布图设计保护条例》（以下简称《条例》）。

知识卡片

集成电路布图设计权，是根据《条例》对集成电路布图设计进行保护的一种知识产权。它与专利权、著作权等一样，都属于知识产权的范畴。同样，权利人对其具有独创性的布图设计享有专有权，禁止他人侵犯。

集成电路布图设计权的保护期限为 10 年，起算日是布图设计登记申请之日或者在世界任何地方首次投入商业利用之日，以较前日期为准。但是，无论是否登记或者投入商业利用，布图设计自创作完成之日起 15 年后，不再受《条例》保护。

取得集成电路布图设计权要满足如下条件：

1. 独创性

受保护的布图设计系创作者自己的智力劳动的结果，而且创作出的布图设计还要具备非常规性。也就是说，受保护的布图设计，不能是对他人创作的布图设计进行仿制或仅作简单的修改，也不能是那些被集成电路布图设计创作者和集成电路制造者所熟悉的、常规的、显而易见的、平庸的布图设计。但是，布图设计的独创性并不要求布图设计的各部分均必须是创作者独创出的设计，创作者可以部分甚至全部采用一些常规的布图设计作为其设计中的一部分，当其组合为一个整体设计时具有独创性，即可取得布图设计权。

2. 非常规设计

非常规设计类似于专利新颖性的要求，是指创作的布图设计在布图设计创作者和集成电路制造者中，不是公认的常规设计。布图设计是表示电子元件的配置方式，而配置方式是无形的，可以掩膜图形的方式存在于掩膜板上，也可以编码方式存在磁盘中。集成电路是一种电子产品，布图设计的表现形式受到技术、功能、材料等因素的影响，其表现形式不可能是任意的。

3. 可复制性

布图设计具有可复制性。

第二讲　集成电路布图设计权的取得

从世界各国来看，集成电路布图设计权的取得一般有两种方式：登记取得和自动取得。我国取得集成电路布图设计权的程序如下：

1. 提出申请

要取得集成电路布图设计权，需要向国家知识产权局提出申请。

国家知识产权局负责布图设计登记工作，受理布图设计登记申请。国家知识产权局收到布图设计申请文件之日为申请日，如果申请文件是邮寄的，以寄出的邮戳日为申请日。

2. 受理及审查

要按规定向国家知识产权局提交相关资料，否则不予受理。集成电路布图申请材料的审查制度是初步审查制度，包括申请材料的审查和是否明显符合保护范围的审查。

3. **授权**

集成电路布图申请经初步审查，未发现驳回理由的，由国家知识产权局予以登记，颁发登记证书；并在国家知识产权局和《中国知识产权报》上予以公告。布局设计权自申请日起生效。

【提醒/提示】

——在申请布图设计登记时要准备好申请材料。

向国家知识产权局申请布图设计登记的，应当提交以下材料：布图设计登记申请表一式两份；一份布图设计的复制件或者图样；布图设计在申请日以前已投入商业利用的，还应当提交四件含有该布图设计的集成电路样品；国家知识产权局规定的其他材料。

第三讲　集成电路布图设计权的行使

《条例》指出，布图设计权利人享有下列专有权：

(1) 对受保护的布图设计的全部或者其中任何具有独创性的部分进行复制。所谓的复制，是指重复制作布图设计或者含有该布图设计的集成电路的行为。

(2) 将受保护的布图设计、含有该布图设计的集成电路或者含有该集成电路的物品投入商业利用。所谓的商业利用，是指为商业目的进口、销售或者以其他方式提供受保护的布图设计、含有该布图设计的集成电路或者含有该集成电路的物品的行为。

★ 集成电路布图设计权许可或转让要注意什么?

所谓布图设计权的许可，就是指权利人通过许可合同，将其权利的一部分或全部授予他人行使。布图设计权利人可以许可他人使用其布图设计。许可使用布图设计的，当事人应当订立书面合同。

所谓布图设计权的转让，就是权利人将其全部权利转让给受让人享有。转让布图设计权的，当事人应当订立书面合同，并向国家知识产权局登记，由国家知识产权局予以公告。布图设计权的转让自登记之日起生效。

第四讲　集成电路布图设计权的限制

集成电路布图设计保护应当考虑创作人和投资者的利益，同时也要考虑使整个社会受益，实现创作人和投资者的利益与整个国家和社会利益的平衡。限制是为了充分发挥知识产权保护制度对集成电路产业发展的促进作用，既对布图设计权提供足够的保护，又不阻碍新的布图设计的推广使用。

对布图设计权加以限制。主要表现在以下几个方面：

1. 合理使用

合理使用的可以不经布图设计权利人许可，不向其支付报酬：

(1) 为个人目的或者单纯为评价、分析、研究、教学等目的而复制受保护的布图设计的；

(2) 在依据前项评价、分析受保护的布图设计的基础上，创作出具有独创性的布图设计的；

(3) 对自己独立创作的与他人相同的布图设计进行复制或者将其投入商业利用的。

2. 独创布图设计的使用

对自己独立创作的与他人相同的布图设计进行复制或者将其投入商业利用

的，不需要取得权利人的许可，并且不向其支付报酬。由于各种条件的限制，能够独立创作出与受保护的布图设计相同的布图设计是完全有可能的。为了保护创作人的积极性，对该独立创作人的权利也给予保护。但该布图设计人要有充足的证据证明自己未接触过受保护的布图设计，是其独立创作出来的。

3. **权利用尽**

权利用尽是指受保护的布图设计、含有该布图设计的集成电路或者含有该集成电路的物品，由布图设计权利人或者经其许可投放市场后，他人再次商业利用的，可以不经布图设计权利人许可，并不向其支付报酬，这是因为专有权人的权利，在相关产品首次销售后已经用尽。

4. **善意商业利用**

是指在获得含有受保护的布图设计的集成电路或者含有该集成电路的物品时，不知道也没有合理理由应当知道其中含有非法复制的布图设计，而将其投入商业利用的，不视为侵权。前述行为人得到其中含有非法复制的布图设计的明确通知后，可以继续将现有的存货或者此前的订货投入商业利用，但应当向布图设计权利人支付合理的报酬。

5. **非自愿许可**

在国家出现紧急状态或者非常情况时，或者为了公共利益的目的，或者经人民法院、不正当竞争行为监督检查部门依法认定布图设计权利人有不正当竞争行为而需要给予补救时，国家知识产权局可以给予使用其布图设计的非自愿许可，国家知识产权局作出给予使用布图设计非自愿许可的决定，应当及时通知布图设计权利人。

第五讲　集成电路布图设计权的保护

《条例》指出，下列两种情况为侵权行为：

（1）复制受保护的布图设计的全部或者其中任何具有独创性的部分的；

（2）商业目的进口、销售或以其他方式提供受保护的布图设计、含有该布图设计的集成电路或者含有该集成电路的物品的。

引起纠纷的由当事人协商解决；不愿协商或协商不成的，可以向人民法院起诉，判定侵权后，侵权人应当承担停止侵权和赔偿损失的责任；也可以请求国家知识产权局处理，认定为侵权行为的，可以责令侵权人立即停止侵权行为，没收、销毁侵权的产品或物品。

第五单元

地理标志权

第一讲　基本概念

一、地理标志

地理标志也叫产地标志，是鉴别原产于一成员国领土或该领土的一个地区或一地点的产品的标志，该标志产品的质量、声誉或其他确定的特性应主要决定于其原产地。因此，地理标志主要用于鉴别某一产品的产地，即是该产品的产地标志。地理标志也是知识产权的一种。

★ 申请地理标志有什么价值?

首先，地理标志具有一定的经济价值。地理标志所提供的产地信息、质量保证、产品特征以及产品声誉等经济指标所具备的比较优势对产品在市场上的竞争能力起到很大的作用，从而为区域内的生产者带来经济利益。地理标志产品大多是高质量、高知名度的农特产品，它们不仅标示着一定区域内商品的特殊品质，也执行着严格的质量标准，在国际市场上具有天然的亲和力，具有丰富的经济价值。

其次，地理标志具有多重社会价值。地理标志不仅表明的是地理标志产品的区域来源，更承载着地理标志产品的品牌和声誉，地理标志产品正在日益成为开展国际交流、扩大国际贸易、提升国际影响、展示国际形象的重要途径。地理标志所蕴藏的丰富的历史文化底蕴对于保护和传承特定区域内的历史文化具有特殊的意义。

地理标志是产地的自然条件和世代劳动者集体智慧的结晶，是一种无形资产，具有知识产权的通性——专有性和地区性。产地范围内的个人或企业具有对地理标志的专有使用权，使用不属于当地的地理标志属于侵权行为。

【提醒/提示】

——我们要弄清楚地理标志与商标二者之间的区别。

（1）地理标志用来区别某产地与其他地方的同类产品；商标则与生产者的关系紧密，如果同一个地方的不同生产者生产同类产品，只能用商标来加以区别。

（2）地理标志属于公权；商标属于私权。

（3）地理标志不能转让；商标可以转让。

（4）地理标志不受时间限制；商标有时间期限。

（5）地理标志是千百年历史的积淀，是客观存在的；商标则是个人或少数人主观努力的结果。

（6）在与质量的联系程度方面：地理环境和人文因素完全或基本决定了地理标志产品的质量特色；商标一般与质量关系不大。

二、地理标志产品

地理标志产品，是指产自特定地域，所具有的质量、声誉或其他特性本质上取决于该产地的自然因素和人文因素，经审核批准以地理名称进行命名的产品。

★ 申请地理标志的产品，应具备哪些特点？

（1）产品是具有鲜明地域特色的名、优、特产品。

（2）产品的原材料具有天然的地域属性。

（3）产品在特定地域内加工、生产。

（4）产品具有较悠久的生产加工历史或天然历史。

（5）产品具有稳定的质量。

以下产品可以经申请批准为地理标志保护产品：

（1）在特定地域种植、养殖的产品，决定该产品特殊品质、特色和声誉的主要是当地的自然因素；

（2）在产品产地采用特定工艺生产加工，原材料全部来自产品产地，当地的自然环境和生产该产品所采用的特定工艺中的人文因素决定了该产品的特殊品质、特色质量和声誉；

（3）在产品产地采用特定工艺生产加工，原材料部分来自其他地区，该产品产地的自然环境和生产该产品所采用的特定工艺中的人文因素决定了该产品的特殊品质、特色质量和声誉。

★ 地理标志产品专用标志的意义有哪些？

（1）地理标志产品专用标志是商品质量的一个重要标示。

（2）地理标志产品专用标志是产地证书的转换形式，它能使经营者、消费者方便地了解产品的实际来源。

（3）使用地理标志产品专用标志后，如果商品的品位、质量和信誉经得起时间考验和消费者检验，那么这个专用标志就成为一种无形资产，将和它的商标、字号共存共荣。

三、地理标志的内涵

地理标志产品名称一般是地域名称、山川、海洋、湖泊、河流等加上反映产品真实属性的名称构成，历史上要确有其名，且有相应知名度。

★ 申请地理标志的产品，应具备哪些内涵？

（1）地域性。它主要包括当地的地形、地貌、土壤、气候、水系、水质等。

（2）关联性。是指产品的特征、理化指标等都与其所在地域出产的品种、原料等因素紧密相连。

（3）独特性。生产方式、制作工艺等方面具有独一无二的特点。

（4）历史性。要有一定的历史积淀，产品起码要有30年以上的历史，其名称作为商业用语或日常用语长久使用。

（5）人文性。主要是指历史文化传承。

第二讲　地理标志权的申请

一、申请的主体

《地理标志产品保护规定》规定："地理标志产品保护申请，由当地县级以上人民政府指定的地理标志产品保护申请机构或人民政府认定的协会和企业（以下简称申请人）提出，并征求相关部门意见。"

由此可见，地理标志产品的申请人包括两类：一是县级以上人民政府指定的地理标志产品保护申请机构；二是人民政府认定的协会和企业。

> **知识卡片**
>
> 地理标志是带有集体性质的私有权利，它不能被某一单个主体所单独占有，也不能由某些主体所垄断，它是当地不特定主体构成的集体所有的一项权利。
>
> 地理标志的使用权人（即地理标志的成员），一般为地理标志产品的生产者及经营者。

二、申请材料

地理标志产品申请人应提交以下资料：

1. 有关地方政府关于划定地理标志产品产地范围的建议。

2. 有关地方政府成立申请机构或认定协会、企业作为申请人的文件。

3. 地理标志产品的证明材料，包括：

(1) 地理标志产品保护申请书；

(2) 产品名称、类别、产地范围及地理特征的说明；

(3) 产品的理化、感官等质量特色及其与产地的自然因素和人文因素之间关系的说明；

(4) 产品生产技术规范（包括产品加工工艺、安全卫生要求、加工设备的技术要求等）；

(5) 产品的知名度，产品生产、销售情况及历史渊源的说明。

4. 拟申请的地理标志产品的技术标准。

第三讲　地理标志权的审批

《地理标志产品保护规定》对地理标志产品保护的申请与审批流程做了详细的规定。

（一）申请

由当地县级以上人民政府提出申请，如果跨县域则由设区市人民政府申请，跨市则由省级人民政府申请。

（二）受理

省级知识产权管理部门负责对拟申报的地理标志产品的保护申请提出初审意见，并将相关文件、资料上报国家知识产权局。

（三）形式审查

由国家知识产权局有关部门组织对申报材料进行书面审查，形式审查合格，进入下一步；不合格发出地理标志产品申请形式审查意见通知书，提出补正意见或不予申报意见。

（四）向社会发布受理公告

由国家知识产权局有关部门实施，公示期 2 个月，接受异议。无异议进入下一步；有异议视情作出解决问题或不予申报处理。

（五）技术审查

由国家知识产权局邀请相关专家组成审查组，采取现场答辩的方式，对产品名称、特色质量、关联性、质量要求等进行审查。合格的进入下一步；不合格的作出解决问题或不予申报处理。

【提醒/提示】

——不能给予地理标志产品保护的情形。

申请产品出现下列情况之一的，不能给予地理标志产品保护：

(1) 对环境、生态、资源可能造成破坏或对健康可能产生危害的。

(2) 产品名称已成为通用名称的。

(3) 产品的质量特色与当地自然因素和人文因素缺乏关联性的。

(4) 地域范围难以界定，或申请保护的地域范围与实际产地范围不符的。

（六）发布批准公告

技术审查合格的，由国家知识产权局发布批准该产品获得地理标志产品保护的公告。

★ 批准的地理标志产品保护的公告都包含哪些内容？

国家知识产权局批准的地理标志产品保护的公告，分如下两种：

（1）批准对地理标志产品实施保护的公告中包含以下内容：产品名称、专用标志使用与保护范围、质量技术要求。

（2）核准企业使用地理标志产品专用标志的公告中一般包含以下内容：序号、产品名称、企业名称、地址、法人代表、商标、电话、批次。

第四讲　地理标志权的使用

一、使用申请

地理标志产品产地范围内的生产者使用地理标志产品专用标志，应向当地的市场监督管理局提出申请，并提交以下资料：

1. 地理标志产品专用标志使用申请书。
2. 市场监督管理局出具的产品产自特定地域的证明。
3. 有关产品质量检验机构出具的检验报告。

省市场监督管理局对审核合格的专用标志申请，在省市场监督管理局网站进行公示。公示无异议，在省市场监督管理局网站上发布《核准企业使用地理标志保护产品专用标志公告》，即可使用专用标志，获得地理标志产品保护。

核准使用地理标志保护产品专用标志的企业名单及相关资料，由省市场监督管理局公函报国家知识产权局备案，并在地理标志保护数据管理系统同步更新。

二、使用要求

1. 地理标志保护产品和作为集体商标、证明商标注册的地理标志使用地理标志专用标志的，应在地理标志专用标志的指定位置标注统一社会信用代码。国外地理标志保护产品使用地理标志专用标志的，应在地理标志专用标志的指定位置标注经销商统一社会信用代码。

2. 地理标志保护产品使用地理标志专用标志的，应同时使用地理标志专用标志和地理标志名称，并在产品标签或包装物上标注所执行的地理标志标准代号或批准公告号。

3. 作为集体商标、证明商标注册的地理标志使用地理标志专用标志的，应同时使用地理标志专用标志和该集体商标或证明商标，并加注商标注册号。

★ 合法使用人可采用的地理标志专用标志标示方法有哪些?

(1) 采取直接贴附、刻印、烙印或者编织等方式将地理标志专用标志附着在产品本身、产品包装、容器、标签等上；

(2) 使用在产品附加标牌、产品说明书、介绍手册等上；

(3) 使用在广播、电视、公开发行的出版物等媒体上，包括以广告牌、邮寄广告或者其他广告方式为地理标志进行的广告宣传；

(4) 使用在展览会、博览会上，包括在展览会、博览会上提供的使用地理标志专用标志的印刷品及其他资料；

(5) 将地理标志专用标志使用于电子商务网站、微信、微信公众号、微博、二维码、手机应用程序等互联网载体上；

(6) 其他合乎法律法规规定的标示方法。

第五讲　地理标志权的保护

一、保护的部门

我国形成了地理标志保护的三种并行体制，即市场监督管理局的证明商标和集体商标保护体系、质检部门的地理标志产品保护体系以及农业部门的农产品地理标志保护体系。

我国地理标志保护工作机构包括：

1. 国家知识产权局统一管理全国地理标志产品保护工作的机构是国家知识产权局科技司地理标志处。

2. 国家知识产权局通过《商标法》保护地理标志产品的机构是国家知识产权局商标局。

3. 农业农村部负责农产品地理标志登记和审查的机构是农业农村部农产品质量安全中心。

二、侵权行为

侵权行为有如下表现：

1. 擅自使用或伪造地理标志名称及专用标志的行为

这是指没有获得地理标志保护、不享有地理标志权的经营者，擅自使用已被核准的地理标志名称、专用标志，或者伪造专用标志的行为。

2. 不符合地理标志产品标准和管理规范要求而使用该地理标志产品的名称的行为

这主要是指地理标志产品保护区域内的生产者生产的同种产品，虽然是在保护区域生产的同种产品，但因其产品不符合地理标志产品标准和管理规范要求而未被准予使用专用标志，但该经营者却擅自使用该地理标志名称。

3. 使用与专用标志相近、易产生误解的名称或标识及可能误导消费者的文字或图案标志，使消费者将该产品误认为地理标志产品的行为

此类行为虽然没有使用被核准的地理标志产品名称、专用标志，但其所使用的名称、专用标志与地理标志产品的名称、地理标志相近，易被误认为是地理标志产品。

三、救济途径

对于侵犯地理标志权的行为，地理标志权利人有权向主管机关——各地市场监督管理（知识产权管理）部门对侵犯其权利的行为人提出控告，要求进行查处，也可以向人民法院提起诉讼。

第六单元

植物新品种权

第一讲　基本概念

植物新品种权与专利权等一样，属于知识产权的范畴。权利所有人对其享有排他的独占权，是对植物新品种良性发展的一种保护手段，有利于培育和推广更多的植物新品种，推动我国农林业生产的发展。

《中华人民共和国植物新品种保护条例》（以下简称《植物新品种保护条例》）指出：本条例所称植物新品种，是指经过人工培育的或者对发现的野生植物加以开发，具备新颖性、特异性、一致性和稳定性并有适当命名的植物品种。根据《植物新品种保护条例》的规定，植物新品种权的客体是植物新品种本身。就是说，不仅人工培育的植物品种可以获得品种权保护，从自然发现的植物经过开发，也可以获得品种权的保护。

知识卡片

植物新品种权跟专利权、商标权、著作权一样，属于知识产权的一种。

《植物新品种保护条例》指出："国务院农业、林业行政部门（以下统称审批机关）按照职责分工共同负责植物新品种权申请的受理和审查并对符合本条例规定的植物新品种授予植物新品种权（以下称品种权）。"

对于植物新品种的保护而言，对从自然界发现的植物进行开发，在符合规定授权的条件下，可以获得保护。

【提醒/提示】

——要注意植物新品种权的保护期限。

《植物新品种保护条例》规定：品种权的保护期限，自授权之日起，藤本植物、林木、果树和观赏树木为20年，其他植物为15年。

由国务院农业、林业主管部门授予植物新品种权。关于植物新品种权的内容和归属、授予条件、申请和受理、审查与批准，以及期限、终止和无效等，依照《植物新品种保护条例》以及有关法律、行政法规执行。

第二讲　植物新品种权的归属

植物新品种权应当归属于最先向国家农业、林业行政部门提出植物新品种权申请的育种人；同时申请的，品种权将授予最先完成该植物新品种育种的人。

与《专利法》有关职务发明创造的规定类似，《植物新品种保护条例》也有相关规定。《植物新品种保护条例》第七条规定：执行本单位的任务或者主要是利用本单位的物质条件所完成的职务育种，植物新品种的申请权属于该单位；非职务育种，植物新品种的申请权属于完成育种的个人。申请被批准后，品种权属于申请人。

委托育种或者合作育种，品种权的归属由当事人在合同中约定；没有合同约定的，品种权属于受委托完成或者共同完成育种的单位或者个人。

第三讲　植物新品种权的申请

一、申请主体

申请主体可分成如下几种情况：

个人执行其单位的任务或主要是利用其单位的物质条件，包括资金、设备、场地、繁殖材料及技术资料等所完成的育种属于职务育种，单位是植物新品种权的申请主体。非职务育种的品种权属于完成育种的个人，育种人是申请主体。

委托育种的品种权的归属应由委托方与受委托方的合同约定，如没有合同约定，其品种权属于受委托方。也就是说，合同里可以约定谁是植物新品种权的申请主体，没有约定的，受委托方是申请主体。

合作育种的品种权属于共同完成育种工作的单位和个人，合作育种人是申请主体。部分育种人不申请植物新品种权的，不影响其他育种人申请。在品种权获批后，不申请的育种人有权免费生产、经营、使用。

二、申请条件

申请品种权的植物新品种应当属于国家植物品种保护名录中列举的植物的属或者种。

授予品种权的植物新品种应具有新颖性、特异性、一致性、稳定性。

授予品种权的植物新品种还应当具备适当的名称，并与相同或者相近的植物属或者种中已知品种的名称相区别。

三、申请过程

（一）准备申请材料

《植物新品种保护条例》规定：申请品种权的，应当向审批机关提交符合规定格式要求的请求书、说明书和该品种的照片。

1. 请求书

请求书是申请人向国家品种权审批机关表示请求授予品种权的愿望，是希望取得品种权的书面申请文件。

2. 说明书

主要内容有：

（1）详细交代新品种的来源。结合系谱图，详细叙述并公开申请品种的亲本来源、选育办法、步骤等。

（2）详细描述近似品种的特征特性。近似品种是公知共用的已有品种，与申请品种有血缘关系，具有在形态学特征和植物学特性方面的最相近性。

（3）详细说明新品种的有关销售情况。

（4）详细说明新品种的特异性、一致性、稳定性。

（5）详细说明新品种适合种植的地区以及栽培要点等。

3. 照片

对说明书中涉及的说明内容，能够用图像展示的，应当附有照片证实。

（二）递交申请

申请人通过邮寄或者直接向植物新品种保护办公室提交品种权申请文件，一式两份，同时提交相应的请求书、说明书、照片的电子文档。

根据《植物新品种保护条例》第二十一条规定，审批机关审查申请人递交的申请文件。

（三）审查和授权

经过初步审查和实质审查，符合规定的，审批机关应当作出授予品种权的决定，颁发权利证书，并予以登记和公告。

第四讲　植物新品种权的保护

一、保护范围

我国植物新品种保护工作是由国家林业和草原局、农业农村部两个部门分工负责。国家林业和草原局负责林木、竹、木质藤本、木本观赏植物（包括木本花卉）、果树（包括干果部分）及木本油料、饮料、调料、木本药材等植物新品种保护工作。

植物新品种权的保护不仅仅是保护权利人的合法权利，更多的是鼓励社会组织和个人向植物育种领域投资，形成创新氛围，育成和推广更多的植物新品种，推动我国的种子工程建设，促进我国农林业产业的进步。

二、保护条件

（1）新品种权没有超过保护期，超过保护期不受法律保护。

我国法律明确规定了新品种权的保护期限，自授权之日起，藤本植物、林木、果树和观赏树木为20年，其他植物为15年。超过该保护期植物新品种进入公共社会，任何人都有权生产、繁殖和销售。

（2）新品种权没有终止，终止后不受法律保护。

（3）新品种权没有被宣告无效，被宣告无效的品种权自始不受法律保护。

自审批机关公告授予品种权之日起，植物新品种复审委员会可以依据职权或者依据任何单位或者个人的书面请求，对不符合新颖性、特异性、一致性和稳定性的植物新品种，宣告品种权无效。

三、侵权行为的例外免责

植物新品种权是社会创新的成果，能够为国家创造财富，能够推动我国的农林业生产建设，能够推动社会物质文明和精神文明进步，因此，新品种权不单纯是私人领域的民事权利，还具有公共权利属性，不实行民事权利的“绝对保护”。我国法律规定，未经新品种权人许可，行为人实施下列行为的，不视为侵权，无须承担任何侵权法律责任。包括：

（1）利用授权品种进行育种及其他科研活动。

（2）农民自繁自用授权品种的繁殖材料。

（3）行为人是取得实施强制许可的单位或者个人。

（4）行为人是善意第三人。善意第三人是指自己生产、繁殖或者销售的植物新品种有合法来源，且已经支付了合理对价的人。

★ 植物新品种权保护期限届满前终止的情形有哪些?

有下列情形之一的，品种权在其保护期限届满前终止。

（1）品种权人以书面声明放弃品种权的。

（2）品种权人未按照规定缴纳年费的。

（3）品种权人未按照审批机关的要求提供检测所需的该授权品种的繁殖材料的。

（4）经检测该授权品种不再符合被授予品种权时的特征和特性的。

四、保护手段

（一）行政手段保护

我国植物新品种保护工作是由国家林业和草原局、农业农村部两个行政执法部门在各自的工作职权范围内承担。行政执法部门依据《中华人民共和国种子法》（以下简称《种子法》）、《植物新品种保护条例》、《中华人民共和国行政处罚法》及部门规章，对属于自己行政管理领域的植物新品种进行行政保护。

（1）省级以上人民政府农业、林业行政部门依据各自的职权处理品种权侵权案件，行政查处时可以责令侵权人停止侵权行为，没收违法所得和植物品种繁殖材料，处以罚款。

（2）县级以上人民政府农业、林业行政部门依据各自的职权处理假冒授权品种案件，行政查处时可以责令停止假冒行为，没收违法所得和植物品种繁殖材料，处以罚款。

（二）民事手段保护

权利人认为行为人有侵犯自己植物新品种权的行为，依照《种子法》《植物新品种保护条例》《民事诉讼法》及《最高人民法院关于审理植物新品种纠纷案件若干问题的解释》《最高人民法院关于审理侵犯植物新品种权纠纷案件具体应用法律问题的若干规定》的规定，依法向人民法院提起诉讼。

（1）在诉讼时效内向人民法院请求保护，请求保护植物新品种权的诉讼时效期间为三年，自权利人知道或者应当知道权利受到损害之日起计算。

（2）新品种权所有人可以要求侵权人停止侵权、消除影响、赔礼道歉和赔偿损失等。

（三）刑事手段保护

《植物新品种保护条例》指出：假冒授权品种，情节严重，构成犯罪的，依法追究刑事责任。可见，我国虽然对新品种的侵权行为没有规定犯罪，但对假冒新品种权的行为有明确规定，在情节严重的情况下，侵权人需要接受刑事处罚。

第七单元

商业秘密

第一讲　基本概念

随着科学技术的迅速发展，知识产权保护对象的范围不断扩大。其中，“未披露过的信息专有权”也成为世界各国所公认的知识产权的保护对象。

> **知识卡片**
>
> 世界贸易组织的《与贸易有关的知识产权协议》（Agreement On Trade-related Aspects of Intellectual Property Rights，简称 TRIPs）第一部分第一条规定，“未披露过的信息专有权”属于知识产权范围。这里主要是指工商业经营者所拥有的技术信息、经营信息等商业秘密。
>
> 技术信息包括：与技术有关的结构、原料、组分、配方、材料、样品、样式、植物新品种繁殖材料、工艺、方法或其步骤、算法、数据、计算机程序及其有关文档等信息。
>
> 经营信息包括：与经营活动有关的创意、管理、销售、财务、计划、样本、招投标材料、客户信息（包括客户的名称、地址、联系方式以及交易习惯、意向、内容等）、数据等信息。

商业秘密是未披露过的信息，必须是秘密的、没有公开过的，必须为保密而采取管理措施的，并且这些经营信息和技术信息是具有商业价值的。合法拥有该信息的人有权防止他人未经许可而以违背诚实商业行为的方式披露、获得或使用该信息。商业秘密的特性如下：

1. 商业性

是指未披露过的信息能为权利人带来经济利益，也可以给权利人带来市场竞争的优势。

2. 实用性

是指未披露过的信息应该有具体方案或详尽信息，而不是大概的原则或抽象的概念。权利人应能够对商业秘密说出详细的内容并划定明确的界限。

3. **秘密性**

未披露过的信息包含的有关信息必须是一个秘密，而不是一些公知的内容；通常不为从事该信息领域工作的人所普遍了解或容易获得的。如果信息在一个行业、某个专业中是一般人所知的，就不是秘密了。

4. **管理性**

权利人根据具体环境需要对未披露过的信息采取合理的保护措施。这种管理以及其保密措施是连续的，而不应该是时有时无的。

我国现行保护商业秘密的法律规定，见于《反不正当竞争法》《刑法》以及《中华人民共和国合同法》（以下简称《合同法》）等相关法律、法规以及司法解释之中。

商业秘密保护，是《反不正当竞争法》的重要内容之一。法律明确规定："商业秘密，是指不为公众所知悉，能为权利人带来经济利益、具有实用性并经权利人采取保密措施的技术信息和经营信息。"符合上述条件的技术信息就是技术秘密，符合上述条件的经营信息就是经营秘密，两者之和，统称为商业秘密。

所谓的不为公众所知悉，是指权利人请求保护的信息在被诉侵权行为发生时不为所属领域的相关人员普遍知悉和容易获得。将为公众所知悉的信息进行整理、改进、加工后形成的新信息，并符合上述规定的，应当认定该新信息不为公众所知悉。

所谓的能为权利人带来经济利益，是指该信息具有确定的可应用性，能为权利人带来现实的或者潜在的经济利益，或者竞争优势。商业秘密作为企业特有的一种信息，是企业生产、市场竞争中极其重要的手段。

第二讲　保护商业秘密的措施

保护商业秘密工作要体系化，采取的保密措施有多种，包括订立保密协议、建立保密制度、采用保密技术、设置保密设施、建立保密标识等保密措施。

（一）健全保密制度

建立领导小组，组成工作班子；制订工作计划，拟定“秘密知晓范围”；培训业务骨干，掌握操作流程。日常工作中对商业秘密实行动态管理。

建立系统、详细、严格的保密制度，根据保密的范围提出具体的商业秘密事项，形成文件对全体员工公示。

【提醒/提示】

——要与接触商业秘密的员工签订保密协议！

（1）企业直接与接触商业秘密的员工签订保守商业秘密协议书。协议书的内容要遵守国家法律、法规，要以自愿为原则，权利和义务要对等，主要条款内容要清楚，要有违约责任。

（2）企业与员工签订聘任合同或劳动合同时要写明保密条款。主要要求：在受聘期间，不得向外泄露商业秘密，不能允许第三方使用商业秘密；合同期满应承担保密义务并保证在三年内不泄露商业秘密；写明违约责任。

建立专门的保密监控体系，做到事前预防。当商业秘密受他人侵犯时，权利人应及时、果断地采取法律维权措施。

定期做好保密培训工作，做到警钟长鸣。

（二）重视人员管理

对内部人员的管理，必须与接触商业秘密信息的员工签订保密协议；严格控制技术秘密的知晓范围。对于新入职人员要进行考察，对于离职员工要签订协议。

对于外部人员以及相关人员的管理，例如公司的股东、中介机构、合作相关方等。

★ 什么是竞业禁止？

竞业禁止也称为“竞业限制”，其实质就是禁止员工在本单位任职期间、离职之后与本单位业务竞争，包括“在职竞业禁止”和“离职竞业禁止”，分别是：

一是禁止员工在本单位任职期间，同时兼职于业务竞争单位。

二是禁止员工在本单位离职后从业于业务竞争单位或者新创建的单位业务与本单位业务范围相同。

（三）采取保密措施

为了防止商业秘密泄漏，必须采取相应的保密措施。

1. 签订保密协议或者在合同中约定保密义务。指定专门人员管理商业秘密，并设定保密等级和接触权限。例如，专人使用和管理特定的计算机设备、电子设备、网络设备、存储设备、软件等，采取禁止或者限制使用、访问、存储、复制等措施。

2. 通过章程、培训、规章制度、书面告知等方式，对能够接触、获取商业秘密的员工、前员工、供应商、客户、来访者等提出保密要求。

3. 安排专用的房屋、场地以及保密设备，存储技术秘密。例如设定警示区域，对参访人员的活动范围进行限制。对涉密的厂房、车间等生产经营场所限制来访者或者进行区分管理。

4. 对于涉及商业秘密的资料、文件、图纸标注出密级标识；对作废的文件资料进行销毁处理。

5. 对商业秘密的产生、传递、使用等环节进行严格管理，例如对技术秘密的存放、借阅、传递等进行登记等。

6. 要求离职员工登记、返还、清除、销毁其接触或者获取的商业秘密及其载体，继续承担保密义务。

第三讲　技术秘密的转让

技术秘密是商业秘密的主要组成部分，其转让是需要签订合同的。

转让人与受让人在签订技术转让合同中应明确各自的违约责任，约定违约责任是确保技术秘密转让合同订立的双方当事人完全地履行各自的义务，对妨碍技术秘密合同顺利实施的一方给予相应的惩罚。

《合同法》规定："让与人未按照约定转让技术的，应当返还部分或者全部使用费，并承担违约责任；实施专利或者使用技术秘密超越约定的范围，违反约定擅自许可第三人实施该项专利或者使用该项技术秘密的，应当停止违约行为，承担违约责任；违反约定的保密义务的，应当承担违约责任。"

依据上述规定，转让人应承担以下违约责任：

1. 未按约定转让技术，包括：没有全部转让；没有按约定期限转让；提供的技术秘密达不到约定的技术指标和要求。这些情况应当承担违约责任，支付违约金或者赔偿受让方的损失。

2. 实施专利或者使用技术秘密超越约定的范围，擅自许可第三人实施该项专利或者使用该项技术秘密，应当停止违约行为，支付违约金或者赔偿损失。

3. 违反约定的保密义务，包括泄露技术秘密，在合同约定的范围以外或者不按约定的方式使用技术秘密，使受让人遭受损失，应支付违约金或者赔偿损失。

第四讲　侵犯商业秘密的行为

侵犯商业秘密的行为，是指行为人采取不正当手段获取，或者违反保密协议，披露、使用或者允许别人使用他人商业秘密的行为，或者是以违反法律规定或者公认的商业道德的方式获取权利人的商业秘密的行为。

法律规定，经营者不得实施下列侵犯商业秘密的行为：

1. 以盗窃、贿赂、欺诈、胁迫、电子侵入或者其他不正当手段获取权利人的商业秘密；

2. 披露、使用或者允许他人使用以前项手段获取的权利人的商业秘密；

3. 违反保密义务或者违反权利人有关保守商业秘密的要求，披露、使用或者允许他人使用其所掌握的商业秘密；

4. 教唆、引诱、帮助他人违反保密义务或者违反权利人有关保守商业秘密的要求，获取、披露、使用或者允许他人使用权利人的商业秘密。

经营者以外的其他自然人、法人和非法人组织实施上述违法行为的，视为侵犯商业秘密。

第三人明知或者应知商业秘密权利人的员工、前员工或者其他单位、个人实施上述违法行为，仍获取、披露、使用或者允许他人使用该商业秘密的，视为侵犯商业秘密。

被诉侵权人在生产经营活动中直接使用商业秘密，或者对商业秘密进行修改、改进后使用，或者根据商业秘密调整、优化、改进有关生产经营活动的，属于使用商业秘密。

★ 哪些行为不构成对商业秘密的侵犯?

下列行为不构成对商业秘密的侵犯：

(1) 自行开发研制。有证据证明，通过自己的开发、研究，获取相关技术信息的情况。

(2) 反向工程。是指通过技术手段对从公开渠道获取的产品进行拆卸、测绘、分析等而获得该产品的有关技术信息。

(3) 权利人所主张的信息不构成商业秘密。只要证明权利人所主张的信息不具有商业秘密构成的要件，则该信息就不构成商业秘密。

(4) 信息不相符或有实质性区别。被控侵权人所披露或使用的信息与商业秘密的信息不相同，或者构成实质性差异的。

(5) 没有采取不正当手段获取商业秘密，或者对商业秘密不负有保密责任。如果被控侵权者能够证明，并没有实施不正当的获取行为，也没有违反保密的义务的，其行为不构成侵权。

第五讲　侵犯商业秘密的法律责任

（一）行政责任

国家市场监督管理机关对于侵犯商业秘密的行为可以进行查处，对确认侵权的，可以给予行政处罚，包括：

（1）责令停止侵权；

（2）根据情况处以罚款；

（3）处理侵权物品。

对于侵权人拒不执行处罚决定，继续实施侵权行为的，视为新的违法行为，从重处罚。

（二）民事责任

侵犯商业秘密的民事责任是一般民事侵权责任的特别适用，对于信息的侵权责任主要包括赔偿损失。

经营者以及其他自然人、法人和非法人组织违反法律规定侵犯商业秘密的，由监督检查部门责令停止违法行为，没收违法所得，处十万元以上一百万元以下的罚款；情节严重的，处五十万元以上五百万元以下的罚款。

《最高人民法院关于审理侵犯商业秘密民事案件适用法律若干问题的规定》第十八条规定了恢复原状、返还财产等民事责任，规定了权利人可请求返还或者销毁商业秘密载体，清除商业秘密信息，从而避免侵权行为再次发生。

在侵犯商业秘密的民事审判程序中，商业秘密权利人提供初步证据，证明其已经对所主张的商业秘密采取保密措施，且合理表明商业秘密被侵犯，涉嫌侵权人应当证明权利人所主张的商业秘密不属于本法规定的商业秘密。

（三）刑事责任

《刑法》规定："有下列侵犯商业秘密行为之一，给商业秘密的权利人造成重大损失的，处三年以下有期徒刑或者拘役，并处或者单处罚金；造成特别严重后果的，处三年以上七年以下有期徒刑，并处罚金：（一）以盗窃、利诱、胁迫或者其他不正当手段获取权利人的商业秘密的；（二）披露、使用或者允许他人使用以前项手段获取的权利人的商业秘密的；（三）违反约定或者违反权利人有关保守商业秘密的要求，披露、使用或者允许他人使用其所掌握的商业秘密的。"

【下篇】管理规范部分

第八单元

知识产权管理体系与贯标、认证工作

第一讲　概　述

一、基本概念

（一）知识产权管理

知识产权管理是指国家有关部门为保证知识产权法律制度的贯彻实施，维护知识产权人的合法权益而进行的行政与司法活动，以及知识产权人为使其智力成果发挥最大的经济效益和社会效益而制定各项规章制度、采取相应措施和策略的经营活动。

知识产权管理，有的着眼于服务创新，有的力图防范知识产权法律风险，有的争取知识产权资产的保值增值，整体而言都是为了保障组织自身的知识产权利益的最大化，是为了组织在同行业领域的竞争活动中具有明显的优势地位。

知识产权管理的主体包括政府有关部门以及企业、高等学校和科研组织等，管理的内容主要包括知识产权的创造、运用、保护、服务等。

知识产权专员在工作中，要积极参与知识产权的管理，注重知识产权管理体系建设，努力提高知识产权管理能力和水平。

★ 知识产权管理有什么作用和意义?

管理的内容包括管理活动和管理过程。以企业为例，知识产权管理具体体现在研发、采购、生产、销售等各个环节中。其意义如下：

（1）在创造方面，促进技术的创新，增加员工的创新意识和创新能力，推动企业的自主创新活动。

(2) 在运用方面，充分利用知识产权参与生产经营活动，提高企业的市场竞争力，追求经济社会效益的最大化。

(3) 在保护方面，通过加强知识产权管理，建立有效的知识产权保护体系，增强风险防范和预警能力，以保障企业经营发展的顺利进行。

（二）知识产权管理体系

知识产权管理体系是指将知识产权放在组织管理的战略层面，将知识产权管理理念、管理机构、管理模式、管理人员、管理制度等方面视为一个整体，努力实现知识产权体系化的系统工程。

建立知识产权管理体系是为了使企业、高校或科研组织能够在日常管理工作中有效贯彻知识产权管理国家标准，根据实际的体系运行，针对运行过程作出改进，增强企业、高校或科研组织自身的创造力，提高行业或组织的竞争力，并通过自身的知识产权创造活动，利用创新成果为行业或组织带来价值。

通过建立规范的知识产权管理体系，发挥知识产权在科技创新过程中的引领和支撑作用，建立与知识产权制度相适应的、适合自身特点的管理体系，通过规划指导和组织落实，激发知识产权创造，防止知识产权流失，避免知识产权纠纷，提高自主创新能力，促进成果转化和知识利用，实现促进自身发展和社会发展的目的。

二、体系的分类

从企事业单位的角度来看，重点关注企业、高等院校、科研组织这三类企事业单位的知识产权管理体系建设。

为了加强知识产权管理体系的建设，国家知识产权局先后制定了国家标准《企业知识产权管理规范》(GB/T 29490—2013)、《科研组织知识产权管理规范》(GB/T 33250—2016) 和《高等学校知识产权管理规范》(GB/T 33251—2016)。其中 GB/T 29490—2013 标准的应用最为广泛。

★ 为什么说国家重视知识产权管理标准的实施?

2013 年 5 月，国家知识产权局启动企业知识产权管理标准推行工作，推出国家标准《企业知识产权管理规范》(GB/T 29490—2013)。

2014 年 7 月，国家知识产权局等八部门印发《关于深入实施国家知识产权战略加强和改进知识产权管理的若干意见》。该文件指出要推广《企业知识产权管理规范》，将该规范贯彻到企业生产经营的全流程。

2015 年 6 月，国家知识产权局等八部委发布《关于全面推行〈企业知识产权管理规范〉国家标准的指导意见》，指导企业持续改进知识产权管理体系，提高知识产权管理水平，提升企业核心竞争力。

2016 年，国家知识产权局制定了国家标准《科研组织知识产权管理规范》(GB/T 33250—2016) 和《高等学校知识产权管理规范》(GB/T 33251—2016)。

2017 年 12 月，中央军委装备发展部颁布了《装备承制单位知识产权管理要求》(GJB 9158—2017)。这是我国国防科技工业领域首部知识产权管理的国家军用标准。这个标准的贯标和认证，全面提升了装备承制单位的知识产权管理能力，对国防科技工业企事业单位的生存和发展具有重要意义。

2019 年 9 月，国家知识产权局办公室下发了《关于规范知识产权管理体系贯标认证工作的通知》。文件指出，贯标认证工作正在有序推进，取得了初步成效。

总之，在国家各部门和地方政府的政策引导下，贯标工作正在全国各地深入有序地开展，随之而来的是企业、高等学校、科研院所的知识产权管理能力和水平有了显著提高。

第二讲　知识产权管理体系的内部完善

一、内部审核

(一) 内部审核目的

知识产权管理体系内部审核（第一方审核）的目的：一是评价组织自身

的知识产权管理体系的水平，不断地进行自检和改进，提升体系运行的适宜性和有效性，并最终保障知识产权管理体系的运行完整性；二是为第二方和第三方审核做准备。

（二）内部审核的实施

1. 制订内部审核计划

内部审核计划是指导组织实施审核工作的具体说明。内部审核计划需要明确审核主要目的、审核范围、审核人员、审核日程安排等。

2. 编制检查表

内部审核计划编制工作结束后，根据小组成员的实际职责进行分工，做好内部审核的准备——编制内部审核检查表。

编制检查表的内容要体现出具体信息、审核员信息、对应知识产权管理相关事宜和客观记录等项目。

3. 开展审核活动

内部审核检查表编制完成之后，根据内部审核计划的安排开始实施内部审核工作，包括首次会议、现场审核和末次会议等内容。

4. 撰写审核报告

在对末次会议提出的审核过程中需要整改的地方进行整改后，完成整改措施；审核组组长应按规定格式，根据审核结果编写审核报告。

二、管理评审

（一）管理评审的目的

管理评审是组织的最高管理层对知识产权管理体系进行周期性总体评价，是组织对知识产权管理体系寻求改进机会的重要环节，是体系自我完善机制的重要组成部分。

管理评审的目的是通过评审确保组织知识产权管理体系持续适宜、充分、有效，制定新的目标或修改现有目标，并考虑是否需要改变管理体系的有关要求，以及知识产权工作开展的资源是否充分保障等。

（二）管理评审的实施

最高管理者通过管理评审定期评审知识产权管理体系的适宜性和有效性，体系涉及的所有部门负责人原则上都应该参加。管理评审召开时，管理层对于知识产权管理体系在企业运行一段时间后所形成的相关文件资料等进行综合评价，形成相应的评审结论。

管理评审是一个过程的实施，包括编制管理评审计划、管理评审输入、管理评审实施、管理评审输出和管理评审实施验证等环节。

内部审核是管理评审的前提，因此，管理评审会议应在内部审核完成之后召开。可以说，内部审核是管理评审的重要依据之一，而管理评审又是对内部审核结果做一次总结。

★ 内部审核和管理评审有哪些不同之处?

（1）目的不同：管理评审检查体系的有效性、充分性和适宜性；内部审核是组织内部对体系是否符合审核准则要求，以及是否得到实施和保持而开展的自我检查。

（2）执行者不同：管理评审必须由最高管理者亲自评审；内部审核则由组织内部组成审核组进行审核。

（3）方法不同：管理评审可以采用文件评审会签、会议评审等形式；内部审核一般采用现场审核方式，通过现场审核形成审核报告，并跟踪纠正措施以验证其有效性。

（4）层次不同：管理评审属于战略层面的谋划与评审；内部审核则是战术层面的自我检查和改进。

第三讲　知识产权管理体系的贯标工作

一、贯标的目的

知识产权管理体系贯标有助于提升企业、高校、科研组织的知识产权能力和水平。贯标的目的为建立企业、高校、科研组织知识产权工作的规范体系，认真贯彻落实《国家知识产权战略纲要》，加强对企业、高校、科研组织知识产权工作的引导，指导和帮助企业进一步强化知识产权创造、运用、管理和保护，增强自主创新能力，实现对知识产权的科学管理和战略运用，提高国际、国内市场竞争能力。

知识卡片

贯标是一种通俗的说法，主要是指一个组织在质量管理体系的建立、维护和改进过程中引用了知识产权国家标准的要求。

贯标的过程也是知识产权管理体系构建和完善的过程。贯标不一定要认证，但认证一定要贯标。

二、贯标的实施流程

（一）筹备启动

任何企业、高校或科研组织在确定贯标之前，都需要通过各种信息获取手段，了解本地区关于知识产权的政策环境，并根据实际了解的政策环境，结合自身的经营发展情况，制定合理的贯标策略。

在确立贯标策略后，需要建立健全的贯标应对战略机制，最高管理者作为统筹知识产权贯标活动的第一人，责任重大，应根据实际人员分配成立符合本企业、科研组织或高校的贯标对接工作组，并且按照组织框架，对应选派管理者代表、各部门对接人员、知识产权专员等人员。

（二）调查诊断

贯标对接工作组需要结合实际的工作职责对知识产权管理标准进行充分解读，以便合理制订符合自身的调查诊断工作计划。在制订计划后，需要根据相关标准要求，安排调查诊断人员与相关部门展开工作交流，并根据知识产权的管理框架、人员职责安排进行深层次了解的评价，并将了解评价过程通过语音、文字、影像等方式进行记录。

（三）构建框架

基于调查诊断的分析结果，有针对性地建立知识产权管理体系框架，形成知识产权工作管理架构、方针、目标以及其他体系文件等方面的规划，明确知识产权方针和目标。将知识产权目标分割为中长期目标、年度目标、部门职责等分解目标，以便将知识产权目标具体落实到每一块，加强相互之间的监督工作，促进知识产权管理工作的落实。

（四）编写文件

依据知识产权管理体系框架，编写知识产权管理体系文件，对企业、科研组织或高校的日常知识产权工作进行规范性指导。知识产权管理体系文件作为知识产权日常工作的常用记录性文件，具体而言可包括方针、目标、程序文件和记录文件。记录文件是知识产权贯标的过程文件，主要记录知识产权管理活动过程中产生的活动记录。知识产权手册包括通用性内容、实用性内容和引用文件。

（五）宣教培训

企业、科研组织或高校的人员组成框架可分为管理层、各部门相关责任人员，通过相应的培训，管理层人员能够掌握知识产权工作实施的重要性，以便开展时能够有效统筹规划具体的工作安排。

对于知识产权专员，需要对体系文件、管理手册等内容具有较强的认知，同时为了增强知识产权管理工作的应对能力，还需要掌握知识产权技术检索分析、技术交底书撰写、知识产权风险监控和防范等内容。

（六）实施运行

知识产权管理体系的实施运行，既是企业、科研组织或高校在进行知识产权管理内容学习和培训后的一次尝试，也是真正进入知识产权贯标的标志性过程的一次挑战。最高管理者可针对知识产权管理体系的实施设置一个运行周期，通过阶段性实施来检验全体成员对知识产权的认知水平，并根据在实施过程中可能出现的不足之处或需要改进的地方，开展主题会议进行讨论。

（七）评价改进

为了解决实施过程中的问题，需要专门制定应对知识产权管理活动不足之处的改进措施。最高管理者根据按照周期实施运行的知识产权管理活动，定期开展会议，并总结在实施运行阶段中存在的需要修正和改进的方面，进行知识产权管理活动的综合评价，为后续的管理活动提供一个正确的指导路线，使得企业、科研组织或高校在后续管理活动的开展方面日趋完善。

对管理活动实施情况周期性进行评价改进，能够增强组织的知识产权管理体系对于外部环境的应变能力，使组织的日常生产经营与知识产权管理体系实现高度融合，增强行业竞争力。

（八）申请认证

体系运行 3～6 个月后，贯标单位经内审评价体系运行已经满足标准要求后，可向认证机构提出认证申请，签订认证合同，接受认证审核。

第四讲　知识产权管理体系的认证工作

一、认证的意义

知识产权管理体系的认证具有重要的意义。组织能够完成认证，也是对贯标工作的总结和肯定。组织申请认证、获得认证证书不仅仅是为了提高自身质量管理水平而采取的一个措施。认证的重要意义主要有以下几点：

1. 增强科技创新的观念意识

标准推行和认证工作，大力提高了科技创新的宣传与普及效果。

2. 加强自主研发

通过标准推行和认证，促进形成奖励创新、鼓励创新的制度和氛围，建立基于专利价值分析体系的专利分级分类管理制度。这有利于知识产权转化机制的落地，促进主要依靠投入驱动向主要依靠创新驱动的转变，推动科研成果转化，为企业发展服务。

3. 加强规范管理

通过推行认证制度引入第三方监督机制，借助外力监督，促进依法管理、规范管理、系统管理，优化知识产权发展的内部环境，提高知识产权管理水平，加强知识产权全寿命保护，有力地推动创新文化建设。

4. 优化人才结构

通过认证工作在各单位的推行，推动知识产权管理人才向复合型人才方向发展，有计划、有步骤地培养一批规模适度、素质较高的基层知识产权管理人才队伍，提升科研人员的自主创新能力和主动性。

★ 为什么说国家重视知识产权管理体系的认证？

2013 年 11 月，为了推动《企业知识产权管理规范》（GB/T 29490—2013）的实施，国家认证认可监督管理委员会和国家知识产权局联合发布《知识产权管理体系认证实施意见》，明确了知识产权管理体系（IPMS）工作机制。

2015 年 6 月，为落实《深入实施国家知识产权战略行动计划（2014—2020）》，全面提高企业知识产权管理水平，促进技术创新，国家知识产权局等八部委联合发布了《关于全面推行〈企业知识产权管理规范〉国家标准的指导意见》，重点任务是优化企业知识产权管理体系，建立咨询服务体系，加强认证体系建设。

2018 年 2 月，为了规范 IPMS 认证活动，提高其有效性，加强监督管理，根据相关法律、行政法规以及部门规章的规定，国家认证认可监督管理委员会、国家知识产权局联合发布了《知识产权认证管理办法》。该办法明确知识产权认证包括知识产权管理体系认证和知识产权服务认证。

2018 年 3 月，中国认证认可协会修订《管理体系审核员注册准则》，增加了 IPMS 审核员注册领域，规定 IPMS 审核员注册除了满足学历和经历要求之外，还要求申请人应通过获得专利代理人资格证书来证实已满足知识产权管理领域专业知识的要求。

近年来，国家知识产权局大力鼓励企业进行贯标认证，发布了一系列相关政策。在政府的大力推动下，IPMS 认证蓬勃发展。

二、认证的过程

1. 认证前的准备

认证申请方通过自身或者委托第三方机构选择国家批准的认证机构进行知识产权管理体系认证。

认证申请方根据知识产权管理体系标准（GB/T 29490—2013，GB/T 33250—2016，GB/T 33251—2016）建立相应的文件化管理体系后，根据自身的实际生产经营确定认证范围。

【提醒/提示】

——在选择认证机构时要注意的事项。

知识产权管理体系认证需要谨慎选择认证机构，选择的依据包括：

（1）确认认证机构的认证资质。在国家认证认可监督管理委员会官网进行查询，是否有相关的备案，尤其是国外的机构，即便是合法的认证机构，如果未在国内备案，也是不被认可的。查询认证公司的营业执照、批准证书等，了解其是否合法运营。

（2）查询认证机构的经营状况。认证机构是否有正规的办公场所、审核专家的人数规模、认证公司成立以来的发证数量是否稳步增长以及确认认证公司的经营时长。

（3）确认认证机构的认证费用。组织应尽可能选取报价接近认证领域市场价格的认证机构，避免选取报价明显低于市场价格的认证机构。

（4）确认认证机构的认证流程。组织在进行认证过程中，要求认证机构提供审核计划安排，并确认好审核时间、审核专家及其联系方式等。

认证是一种自愿性行为。组织在向认证机构确认认证意向的同时，需要向认证机构提交一份具有授权代表签名的认证申请书，并且在认证申请书中明确组织信息、认证范围以及附件内容。

认证机构要坚持审核原则，并据此获得审核证据；要对客户的管理体系进行客观评价，作出公正的认证决定。

虽然说审核主要是审核员的工作，但是知识产权专员应该熟悉审核的全部流程；如果作为陪同人员或担任现场向导，就要向审核组提供必要的条件，予以积极沟通和认真配合，确保审核的有效进行和认证工作的顺利完成。

2. 审核启动

确定审核目的、范围和准则；确定审核的时间；审核组与客户建立初步联系。

3. 现场审核的准备

审核准备阶段的文件评审；制订审核计划；分配审核任务，并编制检查表。

4. 现场审核的实施

(1) 举行首次会议，简要解释将如何进行审核活动。

(2) 收集审核证据。

(3) 形成审核发现。

(4) 确定审核结论。

(5) 召开末次会议。会议通常在审核组完成现场审核活动，获得审核发现并作出审核结论之后进行。

5. 审核报告和审核完成

审核报告的编制和分发；对审核中发现的问题进行跟踪验证；审核组长将审核准备和实施过程中形成的相关文件提交给认证机构，即为审核完成。

6. 审核后续活动

认证决定之后的第 1 年与第 2 年的监督审核，是指对获证组织的知识产权管理体系的保持和持续改进情况进行检查评价。

第 3 年在认证到期（认证证书有效期届满）前，要再进行认证审核。

第九单元

《企业知识产权管理规范》解读

第一讲　概　述

《企业知识产权管理规范》（GB/T 29490—2013）是由原国家质量监督检验检疫总局和国家标准化管理委员会颁布的。这是我国首部企业知识产权管理的国家标准，于 2013 年 3 月 1 日起正式发布实施。

《企业知识产权管理规范》对企业建立科学、系统、规范的知识产权管理体系意义重大，对推动企业全面落实《国家知识产权战略纲要》精神，全面提高企业知识产权管理水平起到了重要作用。

本标准主要提供基于过程方法的企业知识产权管理模型，通过策划、实施、检查与改进（PDCA）建立并持续改进企业知识产权管理体系，最终目的是优化企业的资源配置，控制企业风险，实现企业效益的最大化。

一、术语

1. 过程

将输入转化为输出的相互关联或相互作业的一组活动。

2. 产品

过程的结果。具体产品类别有：服务、软件、硬件和流程性材料。

3. 体系

相互关联或相互作业的一组要素。

4. 管理体系

建立方针和目标并实现这些目标的体系。

5. 知识产权方针

知识产权工作的方针和目标。

6. 知识产权手册

知识产权管理体系的文件。

二、内容

《企业知识产权管理规范》规定了企业策划、实施、检查、改进知识产权管理体系的要求。《企业知识产权管理规范》包括如下内容：

（1）范围；

（2）规范性引用文件；

（3）术语和定义；

（4）知识产权管理体系：规定了实施知识产权管理体系的总体要求和文件要求；

（5）管理职责：规定了最高管理者责任以及管理部门的职责权限；

（6）管理资源：规定了企业知识产权资源管理的要求，包括人力资源、基础设施、财务资源、信息资源四个方面；

（7）基础管理：规定了知识产权生命周期过程的知识产权管理要求，包括获取、维护、运用和保护的知识产权管理流程，以及合同和保密管理环节的知识产权要求；

（8）实施和运行：规定了企业立项、研究开发、采购、生产、销售和售后各环节的知识产权管理要求；

（9）审核和改进：规定了知识产权管理体系定期内审以及持续改进的要求。

第二讲　理解与应用要点

一、知识产权管理体系

（一）总体要求

知识产权管理体系是企业管理体系中侧重于管理知识产权的管理体系，

目的是建立知识产权方针和目标，并予以实现。企业知识产权管理体系的总体要求是：企业应按本标准的要求建立知识产权管理体系，实施、运行并持续改进，保持其有效性，并形成文件。

（二）文件要求

知识产权管理体系的文件主要包括：知识产权方针和目标、知识产权手册、本标准中要求形成文件的程序和记录。

知识卡片

知识产权手册一般包含封面、前言、颁布令、知识产权方针和目标、组织机构、知识产权管理体系要求等内容。手册内容包括：

（1）知识产权组织管理的相关文件；

（2）人力资源、科研设施、合同、信息管理和资源保障的知识产权相关文件；

（3）知识产权获取、运用、保护的相关文件；

（4）知识产权外来文件和知识产权记录文件；

（5）知识产权管理体系过程之间相互关系的表述。

知识产权管理体系文件是企业实施知识产权管理的依据，应确保：

（1）发布前经过审核和批准，修订后的发布要重新审核和批准；

（2）文件中的相关要求明确；

（3）按文件类别、秘密级别进行管理；

（4）易于识别、取用和阅读；

（5）对因特定目的需要保留的失效文件予以标记。

【提醒/提示】

——对外来文件和记录文件，要进行有效的管理。

外来文件是指来自企业外部的行政决定、司法判决、律师函件等。在知识产权获取过程中产生的证明文件（如受理通知书、审查意见通知书、缴费通知等），企业也将其作为外来文件来处理。

记录文件是指记录知识产权管理体系过程（如建立、保持和维护等）的重要文件。

对外来文件和记录文件都应予以控制：（1）对行政决定、司法判决、律师函件等外来文件进行有效管理，确保其来源与取得时间可识别；（2）建立、保持和维护记录文件，以证实知识产权管理体系符合本标准要求，并有效运行；（3）外来文件与记录文件完整，明确保管方式和保管期限。

二、管理职责

（一）管理承诺

最高管理者是企业知识产权管理的第一责任人，他负责制定知识产权方针和目标，明确知识产权管理职责和权限，确保有效沟通和资源的配备，组织管理评审。

（二）知识产权方针

最高管理者应批准、发布企业知识产权方针。知识产权方针要符合相关法律和政策的要求；要与企业的经营发展相适应；在企业内部得到有效运行；在持续适宜性方面得到评审；形成文件并付诸实施；要得到全体员工的理解。

制定知识产权方针时，要特别注意其适应性和有效性。也就是说该方针要与企业的经营发展相适应，要在企业内部可以得到有效运行。

（三）策划

实施知识产权管理体系是一个长期且持续的过程，企业可以通过数据分析、管理评审等方法来改进或纠正过程中可能出现的问题。

知识产权管理体系的策划必须由最高管理者组织完成。知识产权管理体系运行的重点在于控制 4 种知识产权的运营（获取、维护、运用和保护）活动。企业开展知识产权管理活动的过程是一个不断持续改进的过程，而体系的持续改进是策划必须要关注的原则。

（四）职责、权限和沟通

1. 管理者代表

最高管理者在企业内综合考察具备一定的资质和知识素养的人员，任命其为企业管理者代表，在日常生产发展中可行使本标准规定的职责权利。

管理者代表起到上传下达的作用。对内，要对方针和目标进行落实，使全体员工理解；对外，负责与相关方进行有效沟通。

★ 管理者代表有哪些职责?

（1）最高管理者根据企业人员的资质和知识素养，委任合适人选为管理者代表，授系对应的委任证明。

（2）管理者代表需要承担本标准规定的权属责任。

（3）管理者代表可协助最高管理者协调在知识产权体系运行过程中各部门或人员的职责分配，促进体系的实施和改进。

2. 机构

企业在知识产权管理体系的运行过程中，应根据企业实际的生产发展，建立符合本企业特色的知识产权管理部门，并任命符合本标准的企业人员为知识产权专员来负责相关事宜，或委托专业的服务机构代为管理。

知识产权管理部门的职责是统一协调企业知识产权管理工作。

（1）制订企业知识产权发展规划；

（2）建立知识产权管理绩效评价体系；

（3）参与监督和考核其他相关管理机构；

（4）负责企业知识产权的日常管理工作；

（5）其他管理机构负责落实与本机构相关的知识产权工作。

3. 内部沟通

建立沟通渠道，确保知识产权管理体系有效运行。

企业内部沟通渠道应简洁、畅通。内部沟通方式多种多样，包括口头沟通、文件传达、工作例会、座谈、宣传栏、电话、传真、邮件、内部信息平台等。

（五）管理评审

最高管理者应定期评审知识产权管理体系的适应性和有效性。

三、资源管理

（一）人力资源

1. 知识产权工作人员

明确知识产权工作人员的任职条件，并采取适当措施，确保从事知识产权工作的人员满足相应的条件。

★ 如何成为一名合格的知识产权工作人员？

（1）熟练掌握知识产权相关知识，擅长组织规划与企业知识产权工作相关的活动，从而为企业的知识产权工作创造氛围。

（2）任职后需要撰写大量的专利调研报告、知识产权查询报告、知识产权总结等文档，要求专员具备一定的写作能力和沟通能力。

（3）考虑到知识产权的法律性质，要求知识产权工作人员处事细致、心思细腻，要具备很强的责任心。

2. 教育与培训

组织开展知识产权教育培训，是提升员工知识产权保护意识，加强企业知识产权保护的有效途径。培训的目的是促进企业知识产权管理体系的实施，提高知识产权管理利用和运营水平。

3. 人事合同

通过劳动合同、劳务合同等方式对员工进行管理，约定知识产权权属、保密条款，明确发明创造人员的权利和义务，必要时应约定竞业限制和补偿条款。

4. 入职

对新入职员工进行适当的知识产权背景调查，以避免侵犯他人知识产权；对于研究开发等与知识产权关系密切的岗位，应要求新入职员工签署知识产权声明文件。

（1）企业人事部需要建立入职人员知识产权背景调查表，对新入职的员工进行调查。调查表内容包括记录和核实员工在入职前与待申请岗位相关的已申请专利、著作权，是否与前雇主（公司）签署了竞业限制协议等，并将上述内容形成记录文件递交至企业知识产权管理人员存档。

（2）对于研究开发等与知识产权关系密切的岗位，企业人事部应要求自知识产权管理体系推行后对入职的员工签署知识产权声明文件，并将该声明文件存档以备后续调研。

5. 离职

对离职的员工进行相应的知识产权事项提醒，涉及核心知识产权的员工离职时，应签署离职知识产权协议或执行竞业限制协议。

★ 对于离职人员，为什么进行关于本企业的知识产权行为的约束?

（1）对于离职人员的关于本企业的知识产权行为进行约束的目的是确保企业的知识产权权益不受侵犯和降低风险。

（2）企业人事部相关人员要对离职人员进行离职访谈。具体内容包括离职员工的入职公司原因、离职原因、公司改进建议、离职携带文件是否涉及公司知识产权、在公司任职期间是否接触商业机密、是否签署保密协议和竞业限制协议等，并将上述访谈内容形成记录文件递交至企业知识产权管理人员存档。

（3）要求离职人员（移交人）做好工作交接，将其职责范围内所有的纸质档案、电子文档和物品材料，交予新的责任人员（对接人）；同时将工作详细内容（包括未完成的工作内容与对接部门/人、工作进展、工作限期、实际接收人等）形成记录文件，一同交予新的责任人员。

6. 激励

明确员工知识产权创造、保护、运用的奖励和报酬；明确员工造成知识产权损失的责任。

（二）基础设施

根据需要配备相关资源，如办公场所、软硬件设备（如知识产权管理软件、数据库、计算机和网络设施等），以确保知识产权管理体系的运行。

（三）财务资源

为确保知识产权管理体系的运行，应设立知识产权经常性预算费用，包括：用于知识产权申请、注册、登记、维持、检索、分析、评估、诉讼和培训等事项；知识产权激励等。有条件的企业可设立知识产权风险准备金。

（四）信息资源

充分利用信息资源，需要做到：

（1）建立信息收集渠道，及时获取所属领域、竞争对手的知识产权信息；

（2）对信息进行分类筛选和分析加工，并加以有效利用；

（3）对外信息在发布之前要进行相应审批；

（4）有条件的企业可建立知识产权信息数据库，并有效维护和及时更新。

四、基础管理

（一）获取

企业根据获得知识产权的方式，确定需要建立的流程及文件。具体要求如下：

（1）根据知识产权目标，制订知识产权获取的工作计划，明确获取的方式和途径；

（2）在获取知识产权前进行必要的检索和分析；

（3）保持知识产权获取记录；

（4）保障发明创造人员的署名权。

（二）维护

企业知识产权管理部门需要对企业的知识产权进行评估，约束知识产权的所有权及知识产权申请权的归属问题，并应编制形成文件的程序。要求如下：

（1）知识产权分类管理档案，进行日常维护；

（2）知识产权评估；

（3）知识产权权属变更；

（4）知识产权权属放弃；

（5）有条件的企业可以对知识产权进行分级管理。

（三）运用

1. 实施、许可和转让

企业在进行知识产权维护的过程中，通过对企业知识产权的实施、许可以及转让等方式获得经济效益，一方面能够提高企业的市场竞争力，同时也能够在一定程度上补偿企业在知识产权维护过程中的成本投入。

2. 投融资

企业的知识产权投融资具体表现为以下方面：

（1）企业作为知识产权的权利人，可将持有的知识产权作为原始资本进行商业活动，并可获得与知识产权价值份额等价的股权收益。

（2）将以专利权为代表的知识产权作为监督债务人履行相应的债务，从而保障债权人实现权利的担保。

3. 企业重组

企业在进行重组时，可扩大知识产权的使用范畴。如企业并购，则企业能够享有被并购方的知识产权以及掌握知识产权的相关技术人员，进一步增强企业的核心竞争力。

4. 标准化

企业在参与标准化组织前，了解标准化组织的知识产权政策；将包含专利和专利申请的技术方案向标准化组织提案时，应按照知识产权政策要求披露并作出许可承诺。

牵头制定标准时，应组织制定标准工作组的知识产权政策和工作程序。

5. 联盟及相关组织

参与知识产权联盟或其他组织前，应了解其知识产权政策，并进行评估；组建知识产权联盟时，应遵循公平、合理且无歧视的原则，制定联盟知识产权政策；专利合作联盟可围绕核心技术建立专利池。

（四）保护

1. 风险管理

知识产权作为企业发展和经营的软实力，有着举足轻重的重要地位。企业在商业生产中，存在被其他企业控告涉及产品侵权或技术侵权的情况，因而企业需要增强自身的知识产权风险预警。

2. 争议处理

企业在实施知识产权管理活动过程中，需要建立完善的知识产权纠纷处理措施，尽可能降低企业的知识产权风险。具体措施如下：

（1）及时发现和监控知识产权被侵犯的情况，适时运用行政和法律途径保护知识产权；

（2）在处理知识产权纠纷时，评估诉讼、仲裁、和解等不同处理方式对企业的影响，选取适宜的争议解决方式。

3. 涉外贸易

涉外贸易过程中的知识产权工作包括：

（1）提前调查目的地的知识产权法律、政策及其执行情况，了解行业相关诉讼，分析可能涉及的知识产权风险；

（2）适时在目的地进行知识产权申请、注册和登记；

（3）对向境外销售的涉及知识产权的产品可采取相应的边境保护措施。

（五）合同管理

企业的合同管理对于妥善经营有着至关重要的作用，在企业合同中应增加和更新涉及知识产权的保护、运用和维护的描述条款，并对企业合同中的知识产权条款进行改进和完善。

【提醒/提示】

——企业要重视知识产权合同的管理。

一个企业的经营成功与否，与合同以及合同的管理有着密切的关系。合同管理必须是全过程的、系统的、动态的。

（1）企业的生产、销售、采购、人事、委外加工等合同中所有涉及知识产权的声明条款需要经过知识产权管理部门审阅。

（2）企业根据自身的发展情况，与相关的知识产权服务代理机构签订知识产权代理合同。

（3）企业在与其他机构或组织存在委托开发或合作项目时，需要约定技术成果的知识产权权属以及双方后续可能存在的使用和保护方式。

（六）保密

企业的知识产权保密制度是否健全从侧面反映出企业对知识产权管理的重视程度。保密控制要做到“四明确”：

（1）明确涉密人员，且设定对应的保密等级和接触权限；

（2）明确可能造成知识产权流失的设备，规范使用目的、人员和方式；

（3）明确涉密信息，确定保密等级、期限以及传递、保存与销毁的要求；

（4）明确涉密区域，有效规避客户及参访人员的活动范围。

五、实施和运行

（一）立项

在实施知识产权管理体系后，针对新立项目要进行相关的知识产权风险评估。在项目成立初期，对其进行全方位的知识产权风险评估，可以有效降低企业在后期项目实施过程中可能出现的知识产权风险。

（二）研究开发

研究开发阶段的知识产权管理，主要包括以下方面：

（1）对该领域的知识产权信息、相关文献及其他公开信息进行检索，对项目的技术发展状况、知识产权状况和竞争对手状况等进行分析；

（2）在检索分析的基础上，制定知识产权规划；

（3）跟踪与监控研究开发活动中的知识产权，调整研究开发策略和内容，避免或降低知识产权侵权风险；

（4）督促研究人员及时报告研究开发成果；

（5）及时对研究开发成果进行评估和确认，明确保护方式和权益归属，适时形成知识产权；

（6）保留研究开发活动中形成的记录，并实施有效的管理。

（三）采购

采购作为企业的主要业务流程之一，其执行效率直接影响到企业的运营。该流程需要增加知识产权风险监控，避免企业后期陷入知识产权纠纷。

采购阶段的知识产权管理包括：

（1）在采购涉及知识产权的产品的过程中，收集相关知识产权信息，以避免采购知识产权侵权产品，必要时应要求供方提供知识产权权属证明；

（2）做好供方信息、进货渠道、进价策略等信息资料的管理和保密工作；

（3）在采购合同中应明确知识产权权属、许可使用范围、侵权责任承担等。

（四）生产

企业在生产加工环节过程中，可能存在一些生产工艺或生产设备的改进，对于这些改进工艺，企业需要加强知识产权评估。

生产阶段的知识产权管理，要求以下：

（1）及时评估、确认生产过程中涉及产品与工艺方法的技术改进与创新，明确保护方式，选择合适的时机，形成知识产权；

（2）在委托加工、来料加工、贴牌生产等对外协作的过程中，应在生产合同中明确知识产权权属、许可使用范围、侵权责任承担等，必要时应要求供方提供知识产权许可证明；

（3）保留生产活动中形成的记录，并实施有效的管理。

（五）销售和售后

企业在销售业务流程中，面临的知识产权风险挑战最大。销售和售后阶段的知识产权管理包括：

（1）产品销售前，对产品所涉及的知识产权状况进行全面审查和分析，制定知识产权保护和风险规避方案；

（2）在产品宣传、销售、会展等商业活动前制定知识产权保护或风险规避方案；

（3）建立产品销售市场监控程序，采取保护措施，及时跟踪和调查相关知识产权的被侵权情况，建立和保持相关记录；

（4）产品升级或市场环境发生变化时，及时进行跟踪调查，调整知识产权策略和风险规避方案，适时形成新的知识产权。

六、审核和改进

企业知识产权管理体系的审核和改进是规范化和全面化的，企业应该根据内部制度和流程，在企业内全面推行审核和改进流程。企业根据知识产权管理体系的具体要求，编制形成文件的程序，定期对知识产权管理体系进行内部审核；根据知识产权方针、目标以及检查、分析的结果，制定和落实改进措施。企业知识产权管理体系的改进是一个长期且持续的过程，企业的根本目的是在实施知识产权管理体系的改进过程中提高知识产权综合管理水平，将知识产权优势或成果转换为经济效益或市场竞争力。

第十单元

《高等学校知识产权管理规范》解读

第一讲 概 述

高等学校是科技研究和技术开发的重要阵地，是生产和传播知识的重要场所，是知识产权创造、保护、运用和管理的重要主体。高校拥有的知识产权是其重要的无形资产，一方面体现了高校及其科研人员的创新能力和科研水平，另一方面也是高校服务国家科技、经济和社会发展的职能体现。高校的知识产权管理是关系到核心科技成果保护、科技创新能力提升的重要环节。

近年来，高校不断加大知识产权工作管理力度，教师及科研人员在积极进行科技创新的同时，利用知识产权保护创新成果的意识也在不断提升。

一、术语

1. 科研项目

高等学校或其直属机构，在时间周期内进行科学技术研究活动所实施的项目。

2. 项目组

项目组是科研项目的组织形式。它隶属于高校，相对独立地开展研究、开发等科研活动。

3. 知识产权专员

具有一定知识产权专业能力，在科研项目中承担知识产权工作的人员。

4. 专利导航

在科技研发、产业规划和专利运营等活动中，利用专利信息等数据资源，分析产业发展格局和技术创新方向，明晰产业发展和技术研发路径，提高决策科学性的一种模式。

二、内容

高等学校知识产权管理体系规定了文件管理、组织管理、资源管理、获取、运用、保护、检查和改进等要求，主要包括下列内容：

（1）范围；

（2）规范性引用文件；

（3）术语和定义；

（4）文件管理：规定高校实施知识产权管理体系的文件类型和文件控制方法；

（5）组织管理：规定实施知识产权管理体系过程中，涉及的责任人员、责任部门以及相关组织机构的权利或义务；

（6）资源管理：规定高校知识产权资源管理的要求，包括人力资源、财务资源、资源保障、基础设施和信息资源五个方面；

（7）知识产权获取：规定高校针对不同的科研项目的知识产权获取的技术手段，帮助其更好地理解和掌握知识产权的学术渗透；

（8）知识产权运用：阐述高校的知识产权运用的表现形式，如分级管理、策划推广、许可和转让以及作价投资，展现出知识产权运用对高校的价值；

（9）知识产权保护：高校在知识产权管理体系实施过程中，对知识产权的主动保护和风险规避采取的技术手段和法律武器；

（10）检查和改进：高校在知识产权管理体系实施过程中，通过对其过程的检验以及结果评价总结出进步空间，加强对高校知识产权管理体系的监督和改进。

第二讲　理解与应用要点

一、文件管理

（一）文件类型

高校知识产权管理体系涉及的文件，是高校建立并保持开展知识产权管理的重要基础，是评价知识产权管理体系的主要依据。其分成如下几类：

（1）知识产权组织管理相关文件；

（2）人力资源、财务资源、基础设施、信息资源管理过程中的知识产权文件；

（3）知识产权获取、运用、保护等文件；

（4）知识产权相关的记录文件、外来文件。

（二）文件控制

知识产权文件是高等学校实施知识产权管理的依据。文件的审批以及更新、修改、分类、保存、使用等环节，都需要进行严格管理。应该做到：

（1）发布前经过审核和批准；

（2）文件内容表述明确、完整；

（3）保管方式和保管期限明确；

（4）按文件类别、秘密级别进行管理，易于识别、取用和阅读；

（5）对因特定目的需要保留的失效文件予以标记。

二、组织管理

（一）校长

校长负责高校的知识产权管理决策，需要制定知识产权目标以及符合高校发展的中长期规划，建立健全高校知识产权职责，并将其安排落实到具体人员。

（二）管理委员会

高校根据知识产权的实施，成立有校长参与的知识产权管理委员会，全面负责知识产权管理事务。管理委员会承担的职责包括：

（1）拟定与高等学校科学研究、社会服务、人才培养、文化传承创新相适应的知识产权长期、中期和短期目标；

（2）审核知识产权政策、规划，并监督执行情况；

（3）建立知识产权绩效评价体系，将知识产权作为高等学校绩效考评的评价指标之一；

（4）提出知识产权重大事务决策议案；

（5）审核知识产权重大资产处置方案；

（6）统筹协调知识产权管理事务。

（三）管理机构

高校知识产权管理是一项专业性很强的工作，需要具备法律、技术、管理等专业背景的人才进行支撑。

知识产权管理机构是高校落实知识产权管理工作的主要部门。机构的设置可以根据各自的实际情况进行，研究型大学可以在校内设立管理与运营一体化的知识产权管理机构，全面负责高校的知识产权管理工作并配备专职人员，开展知识产权管理工作。

（四）服务支撑机构

高校建立相应的知识产权服务支撑机构，可设在图书馆等高等学校负责信息服务的部门，可考虑聘请外部服务机构。

其主要职责是：提供知识产权管理工作的服务支撑；为知识产权重大事务、重大决策提供服务支撑；开展重大科研项目专利导航工作，为科研项目提供知识产权服务支持；受知识产权管理机构委托，建设、维护知识产权信息管理平台，承担知识产权信息利用培训和推广工作；承担知识产权信息及其他数据文献情报的收集、整理、分析工作。

（五）学院（系）

高校对各院系配备专业的知识产权管理专员，以便在高校的日常运行期间辅助院系、科研技术人员进行知识产权计划的拟订和知识产权管理，进一步将知识产权管理贯彻落实到全体师生。

（六）项目组

项目组的特点是：隶属于高等学校；是完成科研项目的组织形式；相对

独立地开展研究开发活动。

项目组包括项目组长和知识产权专员。

项目组长是科研项目第一责任人，主要职责为将科研成果通过知识产权的形式进行保护。

知识产权专员需要具备成熟的项目研究领域的知识背景，在第一时间跟进项目实施进展，有针对性地为研究成果提供专利指导和改进建议。

（七）知识产权顾问

知识产权顾问的主要职责是为高校重大知识产权事务提供决策意见，并聘请专业的知识产权专家提供知识产权咨询建议，进一步增强科学指导性。

三、资源管理

（一）人力资源

高校在实施知识产权管理体系过程中，需要对人力资源加大监控力度，如对新入职教职员工展开知识产权背景调查、开展适合高校全体师生的知识产权培训、建立健全激励和评价制度等，激发教职工或学生的创造热情。

【提醒/提示】

——对新入职教职员工，需要进行知识产权背景调查。

(1) 在人事合同中约定知识产权权属和保密的相关条款，不得侵犯学校知识产权。

(2) 根据人事合同及补充协议等文件，与全体师生约定发明人员的权利和义务，以及校内的知识产权权属、奖惩措施和保密义务。

(3) 针对新入职教职员工进行调研，通过电话、问卷调查等方式展开该人员的全方位信息核实，调查其在过往的任职期间的知识产权成果，是否与原公司在劳动合同中签订了知识产权相关条款。

（二）财务资源

财务资源是指高校开展知识产权管理活动的经费保障系统。高校在开展知识产权管理日常活动中，需要多种费用支持，用于：知识产权申请、注册、登记、维持；知识产权检索、分析、评估、运营、诉讼；知识产权管理机构运行；知识产权管理信息化；知识产权信息资源；知识产权激励；知识产权培训；其他知识产权工作。

（三）资源保障

知识产权工作的开展运行需要配备必要的软硬件资源支撑，包括软硬件设备、教室、办公场所，以及用于知识产权管理的信息化系统。

（四）基础设施

高校的知识产权基础设施管理包括对实验用设备、系统软件、耗材等的采购要避免知识产权侵权以及使用中的保密管理。

（五）信息资源

信息资源是指高校开展知识产权管理活动的一些有用信息。

★ 如何进行高校的信息资源管理?

（1）高校建立信息收集管道，及时获取知识产权信息。

（2）高校知识产权专员对搜集的信息进行筛选和分析加工，并加以有效利用。

（3）高校根据自身的管理制度建立对应的文件信息秘密等级，并建立保密文件的收发、登记、借阅、复印等管理责任制度。

四、知识产权获取

（一）自然科学类科研项目

1. 选题

选题是知识产权准备工作的基础，通过对知识产权信息进行搜索、分析，获取当前的选题所在领域的前沿技术，有针对性地分析已解决和尚未解决的技术问题。

2. 立项

完成选题后，高校根据准备研发的项目、关键技术及指标等，综合考虑进行立项，参照现有的科研技术，提出符合实际的知识产权目标。高校根据申请的专利技术，进行多维度的扩散性保护，如与专利权人利益相关的技术核心与产品等，形成对专利权人有益的专利组合。

3. 实施

实施阶段的知识产权管理包括：跟踪科研项目研究领域的专利信息、文献情报，适时调整研究方向和技术路线；及时建立、保持和维护科研过程中的知识产权记录文件；项目组成员在发布与本科研项目有关的信息之前，应经项目组负责人审查；使用其他单位管理的国家重大科研基础设施和大型科研仪器时，应约定保护身份信息以及在使用过程中形成的知识产权和科学数据等内容；及时评估研究成果，确定保护方式，适时形成知识产权；对于有重大市场前景的科研项目，应以运用为导向，做好专利布局、商业秘密保护等。

4. 结题

针对已完成结题的科研项目，高校需要填写科研成果清单，并将知识产权成果作为单独的表示性文件进行记录，以便于知识产权管理和维护。结题阶段的知识产权管理包括：提交科研项目成果的知识产权清单，包括但不限于专利、文字作品、图形作品和模型作品、植物新品种、计算机软件、商业秘密、集成电路布图设计等；依据科研项目知识产权需求和目标，形成科研项目知识产权评价报告；提出知识产权运用建议。

（二）人文社会科学类科研项目

高校在科研项目中，除了需要加强对专利的运用和保护，还应对科研项目过程中产生的著作权进行观察，并通过对著作权的成果进行登记，做到对著作权的使用和保护。

加强人文社会科学类科研项目著作权管理的措施包括：约定科研项目作品著作权的归属，署名，著作权的行使，对作品的使用与处置、收益分配，涉及著作权侵权时的诉讼、仲裁解决途径等；对项目组人员进行培训，并与项目组人员签订职务作品著作权协议，约定作品的权利归属，必要时应采取保密措施，避免擅自先期发表、许可、转让等；创作完成时提交科研项目成果，包括但不限于论文、著作、教材、课件、剧本、视听作品、计算机程序等。

（三）其他

除上述之外，现阶段越来越多的高等院校也逐渐加强了对其他方面的知识产权的管理，包括：规范校名、校标、校徽、域名及服务标记的使用，需要商标保护的应及时申请注册；建立非职务发明专利申请前登记工作机制；规范著作权的使用和管理，加强学位论文和毕业设计的查重检测工作，明确教职员工和学生在发表论文时标注主要参考文献、利用国家重大科研基础设施和大型科研仪器情况的要求。

五、知识产权运用

（一）分级管理

高校专利可能缺乏市场的主导，在市场中无法形成明显的竞争优势，因而需要建立一套知识产权分级管理制度，针对有潜在价值的专利，进行专利的转化和运用。

（二）策划推广

高校需要根据市场的需求进行知识产权转化，对已有的专利产权选定合适的转化模式，加强知识产权策划推广，实现其潜在的社会价值和经济价值。

★ 高校怎样做好知识产权的策划推广？

（1）高校根据现有的知识产权，进行层级筛选，将已有专利技术分为具备显著优势、具备潜在价值、价值较低的专利技术，并针对不同价值类型的专利技术进行对应的专利管理。

（2）高校通过展示、推介、谈判等方式与社会的潜在客户建立合作关系，并将知识产权组合推广。

（三）许可和转让

高校采用市场转让、许可的方式将专利技术提供给企业具体实施，由合作企业将该专利技术投入商业生产；高校也可将自身的专利技术进行转化或与企业合作转化。

在知识产权许可或转让时，应遵循下列要求：许可或转让前确认知识产权的法律状态及权利归属，确保相关知识产权的有效性；调查被许可方或受让方的实施意愿，防止恶意申请许可与购买行为；许可或转让应签订书面合同，明确双方的权利和义务；监督许可或转让过程，包括合同的签署、备案、变更、执行、中止与终止，以及知识产权权属的变更等，预防与控制交易风险。

（四）作价投资

高校在进行知识产权作价投资过程中，需要对持有的知识产权进行价值评估，形成记录文件。

在利用知识产权作价投资时，应遵循下列要求：调查合作方的经济实力、管理水平、生产能力、技术能力、营销能力等实施能力；对知识产权进行价值评估；明确受益方式和分配比例。

六、知识产权保护

（一）合同管理

高校在与科研组织、企业等展开合作的过程中，合同中涉及的知识产权管理包括许可与转让、委托开发、权属分配以及其他涉及知识产权的记录条款。

加强合同管理的相关措施包括：对合同中有关知识产权的条款进行审查；检索与分析、申请、诉讼、管理咨询等知识产权对外委托业务应签订书面合同，并约定知识产权权属、保密等内容；明确参与知识产权联盟、协同创新组织等情况下的知识产权归属、许可转让及利益分配、后续改进的权益归属等事项。

（二）风险管理

高校在规避侵犯他人商标权、专利权等方面具备明显的优势，但需要加强对著作权的侵权管理，避免因存在著作权侵权行为造成的知识产权纠纷。

加强风险管理的措施包括：及时发现和监控知识产权风险，制定有效的风险规避方案，避免侵犯他人知识产权；及时跟踪和调查相关知识产权被侵权的情况，建立知识产权纠纷应对机制；在应对知识产权纠纷时，评估通过行政处理、司法诉讼、仲裁、调解等不同处理方式对高等学校产生的影响，选取适宜的争议解决方式，适时通过行政和司法途径主动维权；加强学术交流中的知识产权管理，避免知识产权流失。

七、检查和改进

（一）检查监督

高校要对自身建立和实施的知识产权管理体系的有效性进行评价，定期开展检查监督，确保知识产权管理活动的有效性。

（二）绩效评价

高校应根据自身的知识产权绩效评价体系要求，定期对校属部门、学院（系）、直属机构等进行绩效评价。

★ 高校应当怎样做好知识产权的绩效评价？

（1）建立知识产权绩效评价机制，结合自身实际制定考核指标，定期或不定期考核评价院系、科研机构的知识产权工作。

(2) 成立实施评价小组，对照学校知识产权目标和规范要求，从组织架构、管理制度建设和过程管理的记录三个方面来评价。

(三) 改进提高

高校根据知识产权管理目标的实施完成情况，分析学校知识产权管理组织架构、知识产权管理制度建设和知识产权过程管理运行等方面存在的不足之处，制定相应的改进措施。

第十一单元

《科研组织知识产权管理规范》解读

第一讲　概　述

科研组织是科研创新和成果转化的重要阵地，是知识产权创造、运用、保护和管理的重要主体。知识产权管理是科研组织创新管理的基础性工作，也是科研组织科技成果转化的关键环节。

科研组织建立知识产权管理体系，通过体系的持续运行，充分发挥知识产权在科技创新过程中的引领和支撑作用，对增强科研组织创新能力，提升知识产权质量，增加具有商业化应用前景的长效、可用知识产权供给，保障科技成果转化成效有重要意义。

一、术语

1. 科研组织

科研组织是以科学研究为目的，根据科学技术发展的特点，把人力、资金和设备科学地结合在一起而建立的最佳结构。

2. 知识产权记录文件

记录组织知识产权管理活动、行为和工作等的文件，是知识产权管理情况的原始记录。

二、内容

科研组织知识产权管理体系规定了科研组织策划、实施和运用、检查改进知识产权管理体系的要求；适用于中央或地方政府建立或出资设立的科研组织的知识产权管理。其他性质科研组织可参照执行。

内容包括如下：

（1）范围；

（2）规范性引用文件；

（3）术语和定义；

（4）文件管理：介绍了科研组织实施知识产权管理体系的总体要求和文件要求；

（5）组织管理：规定了科研组织在实施知识产权管理体系过程中，涉及的责任人员、责任部门以及相关组织机构的权利或义务；

（6）基础管理：规定了科研组织知识产权资源管理的要求，包括人力资源、科研设施、合同管理和信息管理四个方面；

（7）科研项目管理：包括分类、立项、执行以及结题验收的知识产权管理流程；

（8）知识产权运用：阐述科研组织的知识产权运用的表现形式，体现出知识产权运用对于科研组织的价值；

（9）知识产权保护：科研组织在知识产权管理体系实施过程中，对于知识产权的主动保护和风险规避的主要技术手段；

（10）资源保障：科研组织在实施知识产权管理体系过程中的行动支撑，包括条件保障和财务保障；

（11）检查和改进：科研组织在知识产权管理体系实施过程中，通过对其过程的检验以及结果评价，总结出进步空间。

第二讲　理解与实施要点

一、总体要求

（一）总则

科研组织发布的体系文件具体包括知识产权方针和目标、知识产权手册以及本标准要求形成文件的程序和记录。

（二）知识产权方针和目标

科研组织的知识产权方针是指导其进行知识产权管理的方向和原则，体现科研组织对于知识产权管理的使命和追求，其制定要求如下：

（1）符合法律法规和政策的要求；

（2）与科研组织的使命定位和发展战略相适应；

（3）知识产权目标可考核并与知识产权方针保持一致；

（4）在持续适宜性方面得到评审；

（5）得到员工、学生的理解和有效执行。

（三）知识产权手册

知识产权手册作为科研组织机构人员从事知识产权活动的事务指南，为相关人员提供明确的操作指导说明。

（四）文件管理

知识产权管理体系文件覆盖了科研组织的创造、运用、保护和管理等主要流程的知识产权管理制度，这使得科研组织在日常知识产权的运营中能够做到有章可循。

【提醒/提示】

——科研组织要做好知识产权文件管理。

（1）科研组织建立知识产权管理体系文件，要求体系文件的记载清晰明了，语言表述准确无误。

（2）科研组织对于外来文件包括但不限于行政决定、司法审判以及律师信函等形式的文件记录做到科学管理，建立外来文件登记表，生成记录文件。

（3）需要根据保存的文件进行安全性分类，可分为一般性文件和保密文件，便于相关人员对体系文件快速甄选，也能确保体系文件的安全保管。

二、组织管理

（一）最高管理者

科研组织的最高管理者作为科研组织的第一责任人，其在知识产权管理体系中主要履行的责任包括进行授权和资源分配，以确保科研组织的知识产权管理能够有序地进行。

（二）管理者代表

最高管理者可在最高管理层中指定专人作为管理者代表，管理者代表作为科研组织的管理层组成成员，总体负责知识产权管理事务。

（三）知识产权管理机构

知识产权管理机构作为科研组织在实施知识产权管理过程中的直接体现，其主要职责是将科研组织内部与外界通过知识产权连通，使科研组织的知识产权管理水平提高。

★ 科研组织知识产权管理机构有哪些责任？

（1）科研组织知识产权管理机构需要拟定知识产权规划。

（2）科研组织知识产权管理机构根据组织的实际发展情况，建立符合自身特色的知识产权管理体系并予以实施；并根据实际的实施进展情况，向最高管理者或管理者代表汇报开展进度以及可能存在的改进建议。

（3）建立知识产权资产清单，集中管理科研组织的实际有效资源，避免可能出现的知识产权风险。

（4）审核科研组织在日常生产经营过程中的各类文件，确定知识产权条款或条款的拟定是否存在缺陷，做到防范知识产权风险。

（四）知识产权服务支撑机构

知识产权服务支撑机构作为科研组织在实施知识产权管理体系过程中的强

力支撑，其为组织内建立、实施以及运用知识产权管理体系提供完善的服务。

（五）研究中心

研究中心作为科研组织的核心技术力量所在，其具体体现为实验室、研究室、研究小组等机构，科研组织可根据其规模或组成特性对应建立子单元，这有助于知识产权管理工作的有效实施。

（六）项目组

项目组长负责所承担科研项目的知识产权管理，包括：根据科研项目要求，确定知识产权管理目标并组织实施；确保科研项目验收时达到知识产权考核的要求；设立项目组知识产权专员。

知识产权专员作为科研项目的实际知识产权管理活动的实施人员，其主要职责是辅助项目组长进行知识产权管理活动的实施，确保组织内的知识产权管理活动顺利开展。

三、基础管理

（一）人力资源管理

科研组织在实施知识产权管理体系过程中，要明确机构对于职务发明的限定和解释，并约定机构对于员工的知识产权管理，包括奖励制度和惩处措施。

对于入职、离职人员，需要加强对其知识产权的监控和审核。

科研组织举办相关的培训课程或会议，让组织机构员工了解到企业知识产权保护、运用和创造的重要性。

科研人员和管理人员作为科研组织在实施知识产权管理活动中需要重点管理的对象，由于其接触到较多的技术思想、产品性能等知识产权信息，所以需要对其通过制定合同加以约束，防止科研活动的知识产权流失。

科研组织的一大特色是允许学生参与科研项目。因学生在项目进行期间会接触到大量的知识产权信息，所以需要提高科研人员对于知识产权保护的意识，避免产生知识产权风险。

【提醒/提示】

——科研组织要加强学生的知识产权管理。

（1）组织对学生开展知识产权培训，提升其知识产权运用和保护意识，并且加强联合培养、生产实习以及学术实验的知识产权管理。

（2）在学生正式参与到组织机构的项目时，需要进行知识产权提醒，便于学生进行知识产权规避和防护。

（3）在学生发表论文、进行学位答辩、开展学术交流等学术事务前，需要进行对外信息披露审查，降低可能面临的知识产权风险。

（二）科研设施管理

科研组织内的实验用品、仪器设备等作为其产生知识产权的物质保障，其本身也负载了知识产权，因此科研组织需要加强对于科研设施的知识产权管理。

（三）合同管理

科研组织需要重视合同中的知识产权条款记录，包括知识产权权属、许可及利益分配、后续改进的权属和使用、发明人的奖励和报酬、保密义务等。

（三）信息管理

科研组织应当建立收集知识产权信息的渠道，加强信息的采集、加工和利用，并建立信息披露的知识产权审查机制。

四、科研项目管理

（一）分类

根据科研项目来源和重要程度等对科研项目进行分类管理；科研项目应

实行立项、执行、结题验收全过程知识产权管理，重大科研项目应配备知识产权专员。

（二）立项

立项初期，需要对其进行知识产权风险评估，降低知识产权风险。立项作为科研项目的开展基础，需要对人力、物力、财力、研究方法、技术路线、分期目标等进行分析，确保项目能够顺利实施。

（三）执行

科研项目的执行阶段，需要规定项目研发重点的技术检索和分析、研发成果的专利挖掘和过程的跟踪记录以及知识产权运营模式等方面的知识产权要求。

（四）结题验收

在结题验收期间，需要规定项目完成情况分析总结、项目中产生的知识产权成果整理归档以及运营方案建议等方面的知识产权要求。

五、知识产权运用

（一）评估与分级管理

科研组织在实施知识产权管理体系过程中，应规定评估体系、分级管理制度、知识产权处置流程、转移转化过程中可能出现的风险评估、知识产权产业化市场前景分析等内容。

（二）实施和运营

在实施和运营之前，需要制定相应的知识产权实施和运营制度；在实施和运营过程中，需要建立知识产权实施和运营监控流程，并需要明确知识产权的专利权人以及运营主体之间的收益分配，避免出现知识产权经济纠纷。

（三）许可和转让

科研组织以市场转让、许可的方式将专利技术提供给第三方具体实施，并由合作伙伴将该专利技术投入商业生产；科研组织也可将自身的专利技术进行转化或与第三方合作转化。

★ 科研组织怎样做好知识产权的许可和转让？

（1）科研组织在进行专利技术的许可和转让之前，知识产权管理机构需要审核对应知识产权的法律状态，并将查询的信息通过知识产权有效性审核表、知识产权评估报告等体现，确保专利技术在许可和转让时的有效性和价值。

（2）科研组织需要核实被许可方或受让方的专利实施意向和知识产权背景，避免恶意许可和购买行为。

（3）科研组织在与第三方实施许可和转让时，需要签订知识产权许可或转让合同，并约定双方对应的权利和义务。

（4）科研组织知识产权专员需要全程跟踪并记录知识产权的许可或转让信息，形成记录台账。

（四）作价投资

需要对持有的知识产权进行价值评估，形成记录文件；对合作方进行实施能力和实施意向的调查，约定双方的利益分配，以避免产生不必要的知识产权经济纠纷。

六、知识产权保护

科研组织应做好知识产权保护工作，防止被侵权和知识产权流失：规范科研组织的名称、标志、徽章、域名及服务标记的使用，需要商标保护的及时申请注册；规范著作权的使用和管理；加强未披露的信息专有权的保密管理；明确职务发明创造、委托开发、合作开发以及参与知识产权联盟、协同创新组织等情况下的知识产权归属、许可及利益分配、后续改进的权属等事项；建立知识产权纠纷应对机制，制定有效的风险规避方案。

七、资源保障

（一）条件保障

科研组织知识产权管理工作的运行需要配备必要的软硬件资源，包括软硬件设备、办公场所，以及用于知识产权管理的信息化系统，从而保障知识产权管理工作的有序开展。

（二）财务保障

科研组织在进行知识产权管理日常活动过程中，需要设立经常性预算费用，用于：知识产权申请、注册、登记、维持；知识产权检索、分析、评估、运营、诉讼；知识产权管理机构、服务支撑机构运行；知识产权管理信息化；知识产权信息资源；知识产权激励；知识产权培训；其他知识产权工作。

八、检查和改进

定期开展检查监督，根据监督检查的结果，对照知识产权方针、目标，制定和落实改进措施，确保知识产权管理体系的适宜性和有效性。

最高管理者应定期评审知识产权管理体系的适宜性和有效性，制定和落实改进措施，确保与科研组织的战略方向一致。

参考文献

1. 王胜利，刘义．图解专利法：专利知识12讲［M］．北京：知识产权出版社，2010.

2. 国家知识产权局条法司．专利法研究：2012［M］．北京：知识产权出版社，2013.

3. 赵惠田．发明创造技法［M］．北京：科学普及出版社，1988.

4. 申长雨．知识产权专业知识与实务［M］．北京：中国人事出版社，2020.

5. 杨铁军．企业专利工作实务手册［M］．北京：知识产权出版社，2013.

6. 王太平．商标法：原理与案例［M］．北京：北京大学出版社，2015.

7. 于波．地理标志保护制度［M］．上海：上海人民出版社，2018.

8. 陶鑫良．知识产权基础：2版［M］．北京：知识产权出版社，2011.

9. 陈淮民，张和平．大学生创新发明与专利申请教程［M］．合肥：合肥工业大学出版社，2017.

10. 王巧云．国防科技工业知识产权工作200问［M］．北京：中国标准出版社，2020.

编 后 记

编写《知识产权专员知识读本》这本书是以知识普及、提高能力为主旨，让读者了解知识产权的基础知识和贯标规范等，以提高其知识产权工作水平和服务科技创新的能力。

全书分成上下两篇，共十一个单元。上篇为基础知识部分，按照知识产权的定义范围，分别介绍了专利、商标、著作权、集成电路布图设计、地理标志权、植物新品种权、商业秘密等知识。下篇为管理规范部分，包括：知识产权管理体系与贯标、认证工作，《企业知识产权管理规范》解读、《高等学校知识产权管理规范》解读、《科研组织知识产权管理规范》解读。

本书内容有如下特色：

(1) 知识普及：本书是初级知识读本，涵盖了知识产权专员应该知道的知识和应该掌握的基本技能，对专业理论不做深入探讨和研究。

(2) 注重实用：本书站在知识产权专员的角度，对于工作实务中常见的问题给予解答，对于一些工作要点给予"提示/提醒"，具有指导性。

(3) 浅显易懂：本书语言清晰简洁，叙述和解答问题简练、明确，层次分明，并通过"知识卡片"介绍一些常用的小知识。

(4) 强调时效：依照现行实施的相关法律、法规撰写内容。

本书主要面向知识产权专员，同时可供知识产权、市场监督管理等部门的各级管理者以及工作人员，企业、高校、科研单位的与知识产权工作相关的人员阅读，亦可作为岗位培训教材。

安徽省知识产权局和安徽省知识产权事业发展中心对于本书的编写非常重视，狄勇、陶平、俞纯、孙伟、周宗武、郑红莺等同志参与了编写方案的确定。

本书主要编写人员包括陈淮民、吴明华、龚英亮、程卫东、郑志强、艾永冠、卢松杰、丁瑞瑞、冯栋、陈圆方等，协助编写人员有丁苛丽、肖业刚、朱涛和徐畅等。

为了提高本书质量，安徽省市场监督管理局（知识产权局）和安徽省知识产权事业发展中心的领导程胤、吴建中以及相关部门负责人陶平、孙杰、操诚、胡耀峰、刘君、孙伟、俞纯、周宗武、郑红莺等同志多次审稿，提出了不少好的修改意见。

在本书编写的过程中，智之果知识产权沙龙、合肥高吉知识产权管理有限公司以及合肥智产信息科技有限公司提供了团队技术支持，安徽省商标协会刘栋同志也为本书建言献策。在此，一并向所有关心支持本书编写、出版的同志和团体表示衷心感谢。

本书参考了一些资料，如涉及版权问题，请与我们联系，将按国家规定支付报酬。

因编者水平有限，本书难免出现不妥之处，请读者给予指正。由于视角不同或视域所限，书中也会有某些短板甚至疏漏，请各位提出补正意见（信箱：chenhm30@163.com），以使本书不断改进和完善。

编　者

2021年2月25日